Werner Pfändler   **Mike Harker: „Ich war tot"**

DCG DETECTOR
CENTER GERMANY
METALLSUCHGERÄTE
Beratung · Verkauf · Verleih · Service
M. Meier
Groverstr. 64 A · 31552 Rodenberg
Tel. 05723 6694 · 0172 9004745
www.detectorcenter.de

Werner Pfändler

MIKE HARKER:

„*Ich war tot*"

G. u. G. Urban-Verlag   München   1989

Umschlaggestaltung: Grit Urban
Fotos: Patti, Curly und Mike Harker (8), Babsi Hermanni (3), Dr. Frank Lang (2), Werner Pfändler (2), Jürgen A. Schwarz (2), Set München (2), Squire Arcadia (1), Christine Strub (2), Thomann (1), US-Military (1), Wegmann (1)

© 1989 G. u. G. Urban-Verlag GmbH, München.

Alle Rechte – auch die des auszugsweisen Nachdruckes und der Übersetzung – vorbehalten. Ohne ausdrückliche Genehmigung des Verlages ist es auch nicht gestattet, das Buch oder Teile daraus in irgendeiner Form zu vervielfältigen, zu speichern und zu verwerten.

Satz: SOV Graphische Betriebe, Bamberg.
Druck: Mühlberger GmbH, Augsburg.

Printed in Germany
ISBN 3-925334-12-2

*Für alle, denen
irgend jemand irgendwann
gesagt hat: „Es gibt keine
Hoffnung mehr."*

Inhalt

Prolog 7

Die sportlichste Familie der USA 9

Fotos aus glücklichen Tagen 97

Der „Vogelmensch" ist abgestürzt 105

Medizinische Fakten 231

Fotodokumentation vom 2. Leben des Mike Harker 233

Lebenslauf von Mike Harker 241

Danksagung 247

Wissenswertes über Drachenfliegen 248

Epilog 255

Mit zerschmettertem Körper sank er langsam in die Karibische See. Und das Publikum applaudierte begeistert: Was für eine Show!

Es hatte nichts begriffen. Weder daß es Zeuge eines tragischen Unfalls war, noch daß der gefeierte Drachenflieger bald tot sein würde.

1

Als besonders schick galt es, schwarz gekleidet zu sein. Auch beim Skilaufen. Mike Harker jedoch kümmerte sich wenig um die sozial-hierarchische Uniformierung. Sein Modebewußtsein beschränkte sich auf Markennamen: Firmen, die bereit waren, seinen athletischen Körper einzukleiden und dafür auch noch zu zahlen. Sein enganliegender Head-Anzug – ganz in Schwarz – war daher mehr ein sichtbares Zeichen seiner guten Beziehungen zum Sponsor als der Wunsch, seine Muskulatur zur Schau zu stellen. Wahrscheinlich war sich der braungebrannte Mann mit den indianischen Gesichtszügen nicht einmal bewußt, daß er gut aussah. Warum auch: Alles, was für ihn zählte, war Erfolg.
Es war nicht der schnelle Erfolg, den er suchte, Annehmlichkeiten, die man sich in Kreisen des Jet-set-Gefolges mit Äußerlichkeiten einhandeln konnte – big smile, Hallöchen, Küßchen links, Küßchen rechts. Was er wollte, waren Siege, die erkämpft werden mußten: im Sport, im Geschäft, im privaten Leben. Trotzdem freute sich Mike, wenn ihm die hübschen Mädchen aus dem Lyzeum von Ftan auf der Piste zulächelten in der leisen Hoffnung, daß man eigentlich nichts dagegen hätte, sich am späten Nachmittag in Milos Bar zu sehen.
Milo Biglers Aprés-Delta-Club war Treffpunkt der Drachenflieger. Die wenigen Parkplätze vor dem Sporthotel in Scuol waren meistens überfüllt mit Autos der verschiedensten Marken und Preisklassen, aber alle mit einem gemeinsamen Kennzeichen: auf dem Dach ein

fünf bis sechs Meter langes Bündel, zwanzig Zentimeter dick, zwanzig Kilogramm schwer: ein Drachen – ein Delta, wie die Schweizer sagen.

Mikes V8-Dodge-Van mit den breiten 225er Reifen auf Alufelgen und den hochglanzpolierten Sidepipes war jedoch selten vor Milos Bar geparkt. Mike war abends meistens allein. Nicht einsam, aber allein mit sich, seinen Ideen und Gedanken: Er plante, entwickelte Strategien, organisierte. Seine Erfolge waren kein Zufall. Sie waren das Resultat einer typisch amerikanischen College-Erziehung: The never quit attitude.

Bevor diese Kids ihre eigene Sprache oder Mathe richtig gelernt haben, kriegen sie die Sprache des Sports eingebleut: Man gibt nicht auf, niemals! Es ist die Sprache des Überlebens und – bedauerlicherweise – oft nützlicher, als Dante, Dumas oder Dürrenmatt in Original lesen zu können.

Die Sonne berührte im Westen schon fast die Silhouette der Dreitausender. Ein leiser Windzug strich das Unterengadin herauf, wirbelte ein paar Flocken vom Dach der Bergstation Motta Nalus und füllte das bunte Dacronsegel. Rot-weiß gestreift, die vorderste Querbahn in tiefem Blau mit weißen, fünfzackigen Sternen. Stars and Stripes, stand leuchtend im Schnee vor der Gaststätte: Ein stolzes, amerikanisches Symbol, aber dennoch zerbrechlich mit seinen dünnwandigen Aluröhrchen und filigranen Spannseilen. Wer zum erstenmal einen Drachen sah, konnte sich kaum vorstellen, daß ein Mensch mit diesem Dreieck fliegen wollte.

Mike zog den Reißverschluß seines Skianzugs bis unters Kinn, schnallte sich das Sitzbrett um und klinkte den Karabinerhaken ein. Er beeilte sich: Jeden Augenblick mußte der Bergwind einsetzen, und das bedeutete Rückenwind. Auf Skiern konnte er zwar auch unter diesen Umständen gefahrlos starten, das war nicht das Problem, die Anlaufstrecke wäre nur etwas länger. Nein, was er in so einem Moment bedauerte, war die stark verkürzte Flugzeit in der absinkenden Luftmasse. Das sollte nicht sein. Der letzte Flug am Tag gehörte ihm allein: Ein paar kostbare, leise Minuten auf dem Weg ins Tal, begleitet vom schwachen Rauschen des Segels, während er, durch die letzten Sonnenstrahlen wohltuend erwärmt, in den Schatten des Unterengadins hineintauchte.

Dieser abendliche Flug belohnte ihn für die Anstrengungen des täglichen Flugunterrichts. Es war nicht immer leicht: Viele der Schüler verzweifelten auf dem unerwartet harten Weg, das widerspenstige Flatterding in den Griff zu bekommen: Von Wind und Drachen auf alle Seiten in die Piste gedrückt, resignierten sie oft nach Tränen und Wutausbrüchen. Dann half nur noch gutes Zureden: „Geduld, Geduld, es wird schon klappen!" Und man begann von neuem: erklären, vormachen, ausführen lassen und korrigieren.

Wenn zu guter Letzt dann doch noch ein pralles Segel über ihren Köpfen rauschte, waren die armen Piloten um so glücklicher. Nicht mehr vom Schnee begraben, sondern schwerelos in die Lüfte gehoben, leuchteten ihre Augen, glühten ihre Wangen: Sie hatten es geschafft, vom Fußgänger zum Vogel zu werden. Schnell waren sie überzeugt, ein großer Adler zu sein, verstanden nicht, daß sie vorerst am Übungshang bleiben mußten. Die 800-Meter-Höhendifferenz nach Scuol hinunter gehörte vorerst noch einige Zeit in die Klasse der vermeidbaren Risiken.

Ungeduld läßt sich schwer bezähmen, sie ist zu emotional. Und so hilft auch Logik wenig – selbst dann nicht, wenn sie aus dem Munde eines großen Guru stammt, der seinen Schülern alles verzeiht, nur nicht das Spiel mit der Sicherheit.

Seit seinem höllischen Flug von der Zugspitze war Mike Harker berühmt, aber auch eine gehörige Portion vorsichtiger geworden. In jenen elf turbulenten Minuten vom Schneefernerkopf nach Ehrwald wurde ihm mit aller Deutlichkeit klar, daß Drachenfliegen zwei schicksalhafte Gegensätze in sich vereint: die große Lebensfreude und die tödliche Gefahr. Der Grenzbereich zwischen Sicherheit und Absturz ist sehr knapp bemessen: Nur zwei oder drei kleine, unbedeutende Fehler zur gleichen Zeit, und man hat die Seite gewechselt. Deshalb gab es keinen Pardon: Anfänger fliegen nicht ins Tal. That's it!

Noch einmal kam der Talwind über die sanft abfallende Kuppe empor, blähte das Segel und verminderte spürbar den Druck des Drachens, der auf Mikes Schultern lag. Der Wollfaden an der vorderen Unterverspannung stieg zaghaft in die Horizontale, zeigte direkt ins Gesicht: Aufwind, und genau von vorne – jetzt!

Mit beiden Armen den Steuerbügel fest umschlossen, den Oberkörper etwas nach vorne geneigt, machte Mike einen Hüpfer und setzte seine Skier in die Startspur. Langsam beschleunigend kam er auf Fahrt. Dabei hielt er den Drachen vorne so tief, daß das Dacron flatternd im Gestell hing: kein Auftrieb, aber auch kein Widerstand. Nach fünfzehn Metern hatte er die Abhebegeschwindigkeit erreicht, etwa 25 bis 30 km/h. Mike richtete sich auf, die Drachennase kam zwanzig Zentimeter hoch. Das Segel füllte sich mit Wind. Noch ein paar Meter, und es hob Mike aus dem Schnee. Ein Raunen ging durch die Menge der Zuschauer: ein schöner Start.

„Ja gerne, Herr Harmstorf. Selbstverständlich. Auf Wiederhören!" Verena, die fleißige Sekretärin des Verkehrsvereins von Scuol, war die Freundlichkeit in Person. Behutsam legte sie den Hörer auf die Gabel. Dann schlüpfte sie in ihren dick gefütterten Mantel und steckte

sich beim Hinausgehen die Telefonnotiz in die Tasche. Sie eilte zum Landeplatz. Mike würde erfreut sein.
Langsam versank Scuol in der Dämmerung, während vorne die Silhouetten der stolzen Dreitausender mit den überragenden Piz Linard und Piz Buin im Gegenlicht leuchteten. Tief in der Schlucht unten bildete sich der erste Nebel, hüllte das alte Bad Tarasp in einen zeitlosen Schleier, während darüber, gegen Süden, auf einem gewaltigen Hügel mitten im Tal, das Schloß Tarasp, Wahrzeichen des Unterengadins, im Abendrot erglühte. Obwohl Mike schon hundert Flüge von der Motta hinter sich hatte, war es jedesmal ein neues, begeisterndes Erlebnis, die bizarre Landschaft aus der Vogelperspektive zu betrachten. Wie unglaublich schön, so frei fliegen zu können! Paulo Lehner, ein Schweizer Fernsehjournalist aus dem Tessin, hatte einmal geschrieben: ‚Es ist jedesmal, wie wenn man sich zum erstenmal verliebt!' Mike mußte lachen. Diese Journalisten! Die einen gehen auf wie Popcorn und sprudeln ihre Empfindungen nur so heraus. Die anderen werden plötzlich still und sagen kein einziges Wort mehr, wenn man sie im Drachen mitnimmt. Angst? Wohl kaum, eher Überwältigung durch unbekannte Gefühle.
Mike flog hoch über die Leitungen der Rhätischen Bahn, steuerte im Endanflug mitten in die kleine Schneefläche vor dem Bahnhof, setzte auf und mußte, wie vermutet, scharf abbremsen. Der Wind hatte im letzten Moment um 180 Grad gedreht. Kein Problem, wenn man mit Skiern fliegt. Im Sommer hätte dieser Windsprung eine Crash-Landung bedeutet.
„Allegra, Mike! Du sollst dringend in München anrufen – Raimund Harmstorf! Hier, ich hab's aufgeschrieben."
Verena reichte Mike den Zettel, und noch bevor er den Karabiner öffnete und sein Gurtzeug vom Drachen löste, hatte er die Mitteilung überflogen, die in Verenas

klarer Schrift auf dem Zettel zu lesen war:
Raimund Harmstorf, Telefon 00 49-89-95 87 80,
dringend zurückrufen. Wegen Osterfest in Grenada, Karibik-Insel.
14 Tage Ferien, alles bezahlt.
Aufgabe: Drachenflug-Demonstration mit Wasserski-start.

„Grenada! Die Trauminsel der Karibik, wow: it's gonna be lots of fun!" Hätte Mike auch nur im entferntesten geahnt, was ihn auf der südlichsten Windward-Insel erwartete – er wäre nicht so begeistert zum nächsten Telefon geeilt.

2

„Endlich – war auch höchste Zeit: Mike Harker ist eben an Bord gegangen!"
„Wer, bitte?" Die Münchner Ground-Hosteß, damit beschäftigt, die Bordkarten zu zählen, hatte ihrer Kollegin kaum zugehört.
„Der berühmte Drachenflieger, der von der Zugspitze geflogen ist ..."
„Ah! Muß wohl VIP-Status haben, dieser Drachenflieger, daß man die Maschine warten läßt?!"
„Vielleicht. Sicher ist nur, Raimund Harmstorf – jawohl, der ‚Seewolf' höchstpersönlich – war beim Captain und hat darauf bestanden, daß man wegen dem Harker warten möge. Aber jetzt geh und melde dem Cockpit, daß sein Gepäck samt Drachen verstaut ist."

„Na also!" Raimund Harmstorf konnte seine Erleichterung kaum verbergen, als er Mike Harker ins Flugzeug steigen sah. Er legte den losen Sicherheitsgurt zur Seite und schälte sich aus dem Flugzeugsitz. Elegant und sehr gepflegt, seine 189 Zentimeter voll entfaltend, ging er auf den Drachenflieger zu. Die exklusiven, modischen Accessoires waren unauffällig, das teure Mohair-Vikuja-Sakko wie zufällig mit den dezent grauen Flanellhosen abgestimmt.
Die Passagiere hatten ihre Zeitungen längst zur Seite gelegt und reckten ihre Hälse aus den Sitzreihen: Es war schließlich nicht alltäglich, daß man mit einem berühm-

ten Mann der Filmbranche reiste. Und wer war der Sportsmann in Jeans und Lederjacke, der eben die Treppe raufrannte, drei Stufen auf einmal? Irgendwoher kannte man das exotische Gesicht – irgendwoher. Man würde die Stewardeß fragen müssen.

„Hallo, Mike!"

„Du mußt Raimund sein, freut mich sehr!" Sein Deutsch war nahezu perfekt, wenn auch von einem charmanten kalifornischen Akzent begleitet. „Jawohl, der bin ich!" Harmstorf schüttelte die entgegengestreckte Hand und faßte Mike am Arm, um ihn zum Platz zu begleiten. Dabei bemerkte er, daß der knapp dreißigjährige Amerikaner seinem Ruf als Profisportler nur zu gerecht wurde: Muskeln, die selbst durch die Lederjacke wie Stahl anzufassen waren. Die zwei Wochen auf Grenada versprachen faszinierend zu werden. Hübsche Mädchen gab es dort immer zur Genüge, aber ein durchtrainierter Sportler, mit dem er all seine Tauch-, Schwimm- und Segelleidenschaften teilen konnte, der war in seinem karibischen Paradies eine Seltenheit. Vielleicht ließe sich mit Mike auch ein alter Traum verwirklichen: mit dem Windsurfer rund um die Insel zu segeln.

„Es ist schön, dich endlich persönlich kennenzulernen!" Mikes Stimme holte Harmstorf aus seinen Palmenstrand-Gedanken zurück ins kühle Aprilwetter nach München-Riem. Ein paar Tropfen, halb Regen halb Schnee, schlugen an die Fensterscheiben der Boeing-707, die Türen wurden verschlossen, und eine sanfte Stimme bat um die Aufmerksamkeit der Passagiere: die Sicherheits-Instruktionen! ICAO-Regulations, LBA-Vorschrift, Company-Procedures und auch die Versicherungen wollen es so.

„Fliegen und Sicherheit ist wie Oktober und Fest: Es gehört zusammen!" Wer aber geglaubt hätte, daß die beiden Vielgereisten sich ganz im Stil blasierter Oft-

Touristen geben würden (‚kennt man ja alles, nicht wahr!'), sah sich getäuscht. Aufmerksam verfolgten Harker und Harmstorf die Anweisungen, schnallten sich die Gurte um, stellten brav die Rückenlehnen senkrecht und freuten sich der Dinge, die da kommen sollten. Ein langer Flug zwar – Zwischenstopp in Frankfurt, dann via Azoren über den Atlantik nach Barbados mit Landung in Grantley Adams. Die letzte Etappe nach Grenada bewältigte man mit einer kleineren Maschine der LIAT: insgesamt achttausend Kilometer Luftlinie – und noch am selben Tag vor Sonnenuntergang die 28 Grad warme Brandung am Strand der Insel.
„Tee oder Kaffee?" Die Condor-Dame gab ihr bestes Stewardessen-Lächeln und bemühte sich, das Frühstück so gut zu servieren, wie die beengten Verhältnisse es zuließen. Der Captain hatte angeordnet, die beiden Herren first class zu bedienen, wenn auch kein First-class-Abteil an Bord sei.
Mike und Raimund kannten sich nur vom Telefon. Man wußte einiges voneinander aus den Zeitungen und Illustrierten, wußte aber auch, wie ernst man diese Informationen nehmen durfte. Es war ein offenes Geheimnis, daß Reporter ausnahmslos unter Streß und Zeitdruck arbeiten, stets Uhr und Rotstift des Ressortleiters im Nacken. So hatte man für die kommenden sechzehn Stunden Flugzeit reichlich Gelegenheit, die journalistischen Fehlinterpretationen dieser Infarktkandidaten ‚post print' zu korrigieren. Mit anderen Worten: Es gab viel zu erzählen.
„Seit wir Anfang letzter Woche zum erstenmal telefoniert haben, mußte ich eine Menge Termine umorganisieren. Was die Arbeit betrifft, ich hätte eigentlich gar nicht kommen dürfen. – Aber weißt du, Raimund, Hauptsache, weg vom Winter, ab in die Karibik!"
„Ich dachte schon, du schaffst es überhaupt nicht mehr,

rechtzeitig in München zu erscheinen!"
Mike nahm einen Schluck Tee.
„Herrlich! Der erste seit heute früh um drei Uhr. Es war zum Teil noch Glatteis auf der Straße zwischen Scuol und Landeck – ich konnte nicht so schnell fahren. Und in München mußten erst alle Gepäckstücke und der Drachen ausgeladen und in die Abflughalle gebracht werden, bevor ich einen günstigen Parkplatz suchen konnte. Sorry, es ist nicht meine Art, jemand auf mich warten zu lassen, schon gar nicht ein ganzes Flugzeug!"
„Komisch", ergänzte er, nachdem die Tasse leer war, „mein Timing paßt sonst immer. Es war, als ob mich etwas von diesem Flug abhalten wollte!"
Ein beunruhigender Gedanke durchfuhr Harmstorf: nur ein Gefühl, das er nicht wahrhaben wollte und schnell verdrängte.
„Ja, und nochmals herzlichen Dank für diese Einladung, Raimund. Ich freu' mich sehr. Wie ist sie eigentlich zustande gekommen? Wer ist Eric Gairy?"
Die Stewardeß hatte das Frühstückstablett abgeräumt, nicht ohne zu fragen, ob man noch einen Wunsch hätte, was verneint wurde. Harmstorf kippte die Rückenlehne nach hinten und streckte zufrieden seine langen Beine aus. Dr. Gairy, der Ministerpräsident von Grenada, das Publikum. Das Publikum! Es war machmal schon hart: Wo immer man sich befand, man lebte nie privat. Immer war man ‚schau dort, der Harmstorf!' Doch hatte auch diese Sache ihre zweite Seite. Man bekam zum Beispiel im Flugzeug einen Platz in der besten Reihe, dort, wo auch großgewachsene Menschen komfortabel sitzen können. Anders wären diese Flüge in das vermeintliche Indien des Kolumbus wohl nicht auszuhalten. Und Harmstorf flog oft, denn wann immer er konnte, zog er sich auf seine Privatinsel vor Grenada zurück.
„Weißt du, Mike, du wirst diese Menschen dort in Kürze

kennenlernen. Sie sind sehr fröhlich – eine liebenswerte Mischung aus Schwarzen und Ureinwohnern, die gerne feiern, trinken und tanzen, nach den Rhythmen der Trinidad Steelbands: ein Sound, der, so sagt man, seinen Ursprung auf Grenada hat!"
Dann erzählte Harmstorf von der jährlichen Easter Waterparade. Zu Ostern wird in der Bucht der Hauptstadt Saint George's zwei Tage lang ein großes Fest veranstaltet, mit Schwimm- und Tauchwettbewerben, mit Segelregatten und Speedbootrennen. Der Premierminister, Dr. Eric M. Gairy, zeigt sich mit seinem Gefolge auf einer schwimmenden Ehrentribüne im Hafen, während Tausende von Grenadinern begeistert klatschen, wenn die Boote vorbeiziehen oder der große Mann eine große Rede hält. Gairy, obwohl wie ein Diktator regierend, sei beim Volk recht beliebt. 1951 gewann der ehemalige Volksschullehrer und Gewerkschaftsführer die ersten freien Wahlen und führte Grenada 1974 aus Englands Kolonialherrschaft in die Selbständigkeit.
Und heuer, 1977, im dritten Jahr der Unabhängigkeit, mußte die Easter Waterparade mit einem großartigen Höhepunkt enden: Sein Volk sollte etwas Besonderes erleben. Um das zu verwirklichen, hatte Gairy einen Münchner PR-Manager engagiert, seines Zeichens Honorarkonsul von Grenada. Der kleine Blonde hatte viele Ideen, aber ein beschränktes Budget: Grenada war zwar reich an Gewürzen, etwa ein Drittel der Muskat-Weltproduktion stammte von der Insel, aber Geld war kaum vorhanden. Es reichte zum Überleben, zum Leben – nach unseren Maßstäben – war's zu wenig. Und was in die Staatskasse floß, um Gairys Traum vom Wohlstand zu verwirklichen, genügte gerade für den Wohlstand des Ministerpräsidenten, während dem Volk ein bißchen Waterparade und reichlich Rum blieben.

Aber: Man war nicht unglücklich auf dem schönsten Flecken der Karibik. Die Sonne schien täglich, und Britannia hatte ein paar Verwaltungsgebäude hinterlassen. Die siebenhundert Hotelbetten der Insel brachten den Reichen etwas Geld, und die Armen hatten eh kein Fernsehen – so blieb ihnen das Kontrastprogramm erspart, zumindest das fremder Länder. Dafür lebte und erlebte man den Karneval: sieben Tage Vollrausch, herrlich! Danach hatte man zwei Monate Zeit, nüchtern zu werden. Zu Ostern kam der zweite Rausch des Jahres, etwas weniger farbenprächtig, etwas weniger feucht und himmlisch, dafür mit Show und dieses Jahr sogar mit einer Attraktion.

Es hatte sich schnell herumgesprochen, alle Schulkinder wußten es: Papa Gairy wollte einen echten Vogelmenschen kommen lassen. Ohne Flugzeug, nur mit bunten Flügeln würde er fliegen. So wie er vom ‚höchsten Berg der Welt' geflogen war, einer Spitze in Germany, hundertmal so hoch wie der höchste Berg von Grenada. Und der Mount Saint Catherine war sehr hoch, hatte die Lehrerin gesagt, 841 Meter! Der Großvater nickte, er sei einmal oben gewesen und hätte die ganze Insel sehen können. Die Kinder erstarben in Ehrfurcht: Dann müsse der Birdman ja die ganze Welt sehen können von hundertmal so hoch. Und damit war Mike, der Vogelmensch aus Germany, auf Grenada ein berühmter Mann – schon Wochen, bevor er die Insel zum erstenmal betreten hatte.

„Der kleine Blonde hat alles organisiert", sagte Harmstorf, der sich selber schon mehrere Male als Lokomotive vor den Werbezug der Karibikinsel hatte spannen lassen. „Wir haben morgen und übermorgen, Karfreitag und Karsamstag, zwei volle Tage Zeit zum Proben. In der Grand Anse Bay wird uns ein schnelles Boot bereitgestellt. Am Ostersonntag kommt gegen Mittag ein Offshore-Racer, der schleppt dich durch den Monkey's Ass in die Bucht, die Carrenage von Saint George's; über der Ehrentribüne klinkst du das Schleppseil, drehst deine Kurven und landest im Wasser direkt vor Gairy. Dann Händeschütteln mit einigen Honoratioren, Foto mit dem Premier, und anschließend vierzehn Tage bezahlte Ferien im Spice Island Inn, dem besten Hotel der Insel! Kein fürstliches Honorar für deinen Einsatz, aber mit dem Gratisflug, dem neuen Drachen, den dir das Touristikministerium bezahlt hat ..."

„Monkey's Ass hast du gesagt? Affenarsch?!"

„Ja, so heißt die engste Stelle, die die große Bucht, den natürlichen Hafen von Saint George's, vor dem offenen Meer schützt", erklärte Harmstorf. „Die Segler haben die Felswände so benannt. Nicht nur weil sie Ähnlichkeit mit den beiden getrennten Rückenteilen eines Affen haben, sondern weil um diese Felsen immer ein Wind bläst, der selbst die besten Skipper – entschuldige! – verarscht: Man weiß nie, woher er kommt. Viele Segelregatten wurden auf diesem kurzen Stück entschieden ... Was ist, Mike?"

„Und da sollen wir durch? Mit dem Drachen im Schlepp? Raimund, I don't like it! Safety first: Das ist mein oberstes Gebot. Kein Risiko eingehen. Das habe ich schon als kleiner Bub so gemacht. Und bin immer gut damit gefahren!"
Ein Lächeln glitt kaum merklich über sein Gesicht. Seine schmal geschnittenen Augen verkleinerten sich für einen Moment und verbargen den listigen Blick: „ gut gefahren und das Ziel erreicht! Es war eine faszinierende Zeit in einer faszinierenden Umgebung!"

Während die Boeing-707 in Flightlevel 280 – 28 000 Fuß Standard-Druckhöhe über Meer – mit Kurs Südwesten in Richtung Azoren düste, erzählte Mike von seiner außergewöhnlichen Karriere.

3

„Ein bißchen näher zusammenrücken, noch etwas. Ja, so, und in die Kamera schauen. Und jetzt sagen Sie bitte alle ‚Cheese'. Gut, und gleich noch mal: Cheese!" Mama, Papa und die drei Kinder zeigten ihre Zähne. Das Blitzlicht über der Speedgrafic blendete die Harker-Familie ein zweites Mal. Sal Loewy, Fotoreporter der United Press International, schien zufrieden, das Bild von ‚Amerikas sportlichster Familie des Jahres' war im Kasten. Er hatte den wißbegierigen Harker-Kindern erklärt, warum er trotz Tageslicht mit dem Blitz arbeiten würde: „Sonne von schräg hinten, Blitz von vorne: ein Licht wie im Studio!" Nun packte er seine 6x9-Kamera in den Lederkoffer und zückte seinen Notizblock: „Okay, Sportfamilie Nummer eins, jetzt muß ich noch die Namen und ein paar Daten aufschreiben." Zuerst wandte er sich an die schlanke Dame mit dem dunklen Haar, das, hinter den Ohren hochgesteckt, bis auf die Schultern fiel. Eine stattliche Erscheinung, eine kalifornische Katharine Hepburn, die den rundlichen Reporter um fast einen Kopf überragte.
„Fangen wir mit der Mutti an: Patti Harker, geboren 1925, USA-Lady-Motorradchampion in der 250er-Klasse. Gewinnerin der Tourist Trophy! Aber Angst vor dem Fliegen, interessant! Mutter und Hausfrau und nebenbei noch beruflich tätig: Chefprüferin elektrischer Steueranlagen von Lenkwaffen."
„Ja – und völlig emanzipiert, ohne die Parolen der Feministinnen nötig zu haben! Sie ist eine selbständige,

wunderbare Frau!" Vater Harker grinste von einem Ohr zum anderen. Nicht ohne Stolz: Seine Patti war eine herrliche Mischung aus Cheyenneblut und europäischen Einwanderern.

„Als ich ihr zur Verlobung einen Diamantring schenken wollte, bat sie mich, ihr lieber eine Lederjacke fürs Motorradfahren zu kaufen! Die Jacke paßt ihr übrigens heute noch, nach drei Kindern!"

Loewy schmunzelte. So viel brauchte er für die paar Zeilen Bildunterschrift nun auch wieder nicht zu wissen, dennoch schrieb er das Gesagte auf. ‚Report any color you can get!' hieß es bei UPI. Die kleinen, bunten Episoden sind es, die der nüchternen Berichterstattung etwas Leben und Farbe verleihen.

„Okay, und Sie sind Lee Harker, genannt Curly, geboren 1921." Loewy schrieb eifrig in sein kleines Notizbuch: Chefingenieur bei McDonnell-Douglas, verantwortlich für die Entwicklung der zweiten Stufe der Apollo-Trägerrakete. Früher Werksfahrer bei Matchless. Einige Motorrad-Geschwindigkeits-Weltrekorde auf dem Salzsee bei Bonneville. „Sie waren auch US-Speedway-Champion?"

„Ja, ein paarmal. Aber als Mike geboren wurde, habe ich mit dem Motorradrennsport aufgehört. Ein zu großes Risiko, wenn man gewinnen will. Und als Profirennfahrer wäre ich selten zu Hause gewesen, ein schlechtes Vorbild. Das wollte ich nicht. So habe ich auf Motorbootrennen umgesattelt. Da konnte die Familie mit von der Partie sein."

„Curly versteht echt was von Motoren", sagte Patti. „Er ist ein guter Tuner und hat aus den Zweitakt-Außenbordern immer mehr herausgeholt als die anderen. Er wurde mehrfacher US-Champion und ist in seiner Klasse bis heute ungeschlagen."

„Und nun zu dir, du bist Michael, der Älteste?"

„Yes, Sir. Aber nennen Sie mich bitte Mike!" Dabei strahlte das jugendliche Unschuldsgesicht mit den hohen, indianischen Backenknochen, bis die Augen zu Sehschlitzen wurden. „Ja, am 29. November 1947 geboren, an einem Samstag!"
Was er alles gewonnen habe, wollte Loewy wissen. Er hätte besser fragen sollen, was Mike nicht gewonnen hatte. Denn wo immer dieser Harker aus Torrance bei Los Angeles auftauchte, räumte er die großen Pokale ab. Mit acht war er zum erstenmal US-Champion im Wasserskilaufen in der Klasse der Neun- bis Zwölfjährigen. Drei Jahre später war er US-Junioren-Champion. Zwischendurch wurde er kalifornischer Slotcar-Champion mit einem selbstgebauten Miniatur-Rennauto der HO-Klasse. 1959, im Alter von zwölf, nahm er zum erstenmal am Grand National teil. Fünf Jahre später, als Siebzehnjähriger, gewann er dieses härteste Wasserskirennen der Welt – 110 Kilometer off-shore – in neuer Rekordzeit. Er spielt American Football, war Center und gewann mit seinem Team die Regionalmeisterschaft. Gleichzeitig ruderte er als Nummer sieben im Achter und gewann nebst kleineren Regatten den 2000-Meter-Sprint ...

„Danke, danke! Das genügt!" Loewy wischte sich den Schweiß von der Stirn und wandte sich an Kelly, 1949 geboren, den zweiten Sohn der Harkers. Kelly, laut Mike ein erstklassiger Sportler, ein hervorragender Wasserskiläufer, hatte nur ein Pech: Er war nicht so gut wie Mike. Meist reichte es lediglich für den zweiten Platz. Doch das störte Kelly kaum. Es freute ihn, dabeizusein, zu helfen, gelegentlich Beobachter im Wasserskiboot zu sein, dann, wenn es darum ging, daß ‚big brother' ein wichtiges Rennen gewinnen konnte. Kelly war weniger darauf aus, auf der obersten Stufe des Siegertreppchens zu stehen. Ihm genügte es, wenn der

ältere Bruder und die jüngere Schwester die großen Pokale nach Hause brachten. Von den Eltern war man dies eh gewohnt. Was ihn betraf, so freute er sich, wenn er mit einer kleinen Trophäe den glänzenden Metallhaufen in der Besenkammer zum Wachsen brachte.
Allerdings würde Kelly kein echter Harker gewesen sein, wenn es nicht auch zu einem Staatsmeister gereicht hätte: Im Rollschuhlaufen wurde er zweimal kalifornischer Meister. Ganz im Stil der Familie holte er sich die Pokale in der Disziplin Schnellauf, denn die Harkers interessierte in erster Linie Geschwindigkeit: Tempo als Familientradition.
„Ja, ich bin Casey, Mikes Schwester!" Mikes Schwester?! Loewy schaute die hübsche Sportlerin verwundert an. Ihr ältester Bruder schien ihr Bezugspunkt, ihr ganzer Stolz zu sein: „He is a real hero!" – Sie war fünf Jahre jünger und von ihm so angetan, daß sie alles dransetzte, auch Erfolg zu haben. Ein Lob von Mike bedeutete ihr mehr als eine Siegestrophäe. Sie war eine erstklassige Rollschuhläuferin, hatte wie Kelly im Schnellauf den kalifornischen Staatsmeistertitel ihrer Klasse nach Hause gebracht, beim Wasserskilaufen eine beachtliche Zahl der wichtigsten amerikanischen Rennen gewonnen und im Lauf ihrer Karriere mehrmals die damalige Weltmeisterin Jane Welch geschlagen.

※

„Wollen die Herren einen Aperitif? Wir werden in Kürze das Mittagessen servieren!" Die Condor-Hosteß hatte die dunkle Jacke aus solidem Uniformstoff gegen ein leichtes, helles Jäckchen ausgetauscht. Schick sah sie aus. Mike fragte, was das „M" auf ihrem Namensschild bedeute.
„M, wie Monika."
„Und ich heiße M, wie Mike!"
„Okay, Mike, was darf es sein?"
„Ich hätte gerne ein Glas Milch, bitte!"
„Einmal Sportsmann, immer Sportsmann. Milch, warum nicht? Ich schließe mich an. Und sollte es meinem Image als ‚Kapitän Larsen' schlecht bekommen, kann man ja sagen, daß ich einen Pastis trinke."
„Kapitän Larsen? War das deine Rolle im ‚Seewolf'?" wollte Mike wissen, während Monika zwei Becher bis zum Rand mit Milch füllte.
„Ja, eine meiner besten Rollen. Die vierteilige Fernseh-Serie wurde nach dem Roman von Jack London 1971 gedreht und brachte meinen Durchbruch im Geschäft. Vorher hatte ich ja gelegentlich Zweifel, ob ich richtig gehandelt hatte. Weißt du, Mike, als Sohn eines Chirurgen fragte ich mich manchmal, ob es richtig war, mein Medizinstudium aufzugeben; aus einer vorgegebenen Laufbahn auszubrechen, nur weil mir der Schauspielunterricht, den ich mal aus Spaß und Neugierde während der Semesterferien genommen hatte, plötzlich sehr viel bedeutete."
Die Semester, die er an der medizinischen Fakultät zugebracht hatte, waren Harmstorf sehr wichtig. Pathologie und Psychologie zerstückeln zwar Liebes und Heiliges, letztlich aber verliert man falsche Hemmungen und lernt, den Menschen objektiv zu betrachten. Eine Grundvoraussetzung, um ein guter Schauspieler zu werden.

Und noch etwas hatte er in Hamburg mitbekommen: die Erkenntnis, daß es Bestimmung ist, nicht klein beizugeben, weder bei Krankheiten noch bei Unfällen. Auch dann nicht, wenn eine Situation hoffnungslos erscheint: „Man muß selbst dem Tod die Stirn bieten!"
Harmstorf hatte seinen Blick während der letzten Sätze durch die Bordwand hindurch in die Unendlichkeit schweifen lassen und nicht bemerkt, wie ihn Mike für einen Moment seltsam angeschaut hatte: ‚dem Tod die Stirn bieten ...'
„Das Mittagessen!"
„Oh, schön, Monika! Was gibt's denn?"
Während sie die vorzügliche Küche des Lufthansa-Catering-Service von Frankfurt pries, baute sie mit flinken Händen die Stecktische vor die Sitze der beiden VIPs, legte eine große Serviette als Tischtuch drüber und deckte gekonnt auf: Deckel weg und die Speise vor den hungrigen Augen der Gäste zelebriert: „Et voila! Menu Condor à la surprise."

4

Monika hatte sich nach dem Essen zu Mike und Raimund gesetzt. Fasziniert hörte sie den beiden zu.
„Deine kleine Schwester Casey bewunderte und vergötterte dich allem Anschein nach!"
„Ja, das tut sie heute noch", lächelte Mike. „Aber zu Unrecht. Denn schon als kleines Mädchen war sie eine sensationelle Sportlerin. Ein gutes Beispiel dafür ist das 75-Meilen-Wasserskirennen auf dem Lake Mead bei Las Vegas. Da es keine Damenklasse gab, fuhr Casey bei den Männern mit. Für ein zartes Mädchen eine unwahrscheinlich harte Sache, die 120 Kilometer im Höchsttempo hinter sich zu bringen. Gleich beim erstenmal wurde sie Fünfte!"
Das grenzte schon fast an ein Wunder, denn sie war mit dem schwächsten Boot, einem Außenborder, angetreten. Sie wußte, daß sie keine Chance hatte, wenn ihr nichts einfiel. So machte sie mit ihrem Fahrer aus, daß er die Wendebojen so knapp wie möglich schneiden sollte. Für das Boot kein Problem, gestaltete sich diese Taktik für sie bei jeder Wende zum Hasardspiel: Das Boot mußte derart stark abbremsen, um die Boje eng nehmen zu können, daß die arme Casey mangels Tempo jedesmal unterzugehen drohte. Und so stand sie bei jeder Boje bis zu den Knien im Wasser, einmal schaute sogar nur noch ihr Kopf heraus.
Doch getreu unserem Familienmotto – ‚Ein Harker gibt nicht auf!' – biß sie sich durch. Und wißt ihr, wie alt sie damals war? Zwölf! Ganze zwölf Jahre. Ich hatte

gewonnen, aber ihr fünfter Rang bedeutete mir mehr als meine Trophäe. Das war 1964.
Im selben Sommer erklärte mir mein Schwesterchen wieder einmal, wie stolz sie auf mich sei. Allerdings mit einem guten Grund: Ich gewann ein Rennen, auf dessen Sieg hin ich seit meinem zehnten Lebensjahr trainiert hatte: das Grand National, das härteste Wasserskirennen der Welt."
„Grand National – klingt wie Pferdeschinderei", sagte Raimund.
„Ganz recht: Ohne Pferde, Tausende von Pferdestärken in den Off-shore-Rennbooten, lief da nichts. Nur fiel bei uns niemand aus dem Sattel. Long Beach bei Los Angeles ist nicht Aintree bei Liverpool."
„Warum? Stürzt denn in eurem Grand National niemand?" fragte Monika.
„Doch, doch! Das kommt schon vor. Aber nicht oft. Und wenn, dann nur, weil sich die Wettkämpfer nicht mehr auf den Beinen halten können. Das Grand National führt übers offene Meer. Gestartet wird von Long Beach Harbour bei den Golden Shores, südlich vom Internationalen Flughafen Los Angeles. Dann fährt man auf direktem Weg raus zur Santa Catalina Insel, nonstop und wieder zurück. Ziel ist der Startplatz.
Im Vergleich zu Lake Mead sind es zwar zehn Kilometer weniger. Aber diese 110 Kilometer bringen dich an das Ende deiner Kräfte: Du hast das Gefühl, daß du hilflos zusehen mußt, wie dir mitten im Ozean die letzten Muskeln vom Skelett geschüttelt werden. Es gibt Momente, da siehst du nichts um dich herum, nichts als Wasser; manchmal fliegende Fische, die dich begleiten. Auch Haie! Aber man hat keine Zeit, sich wegen der grauen Dreiecksflossen Gedanken zu machen. Man kämpft pausenlos gegen den Schleppgriff, der unbarmherzig droht, die Finger von den Händen zu reißen.

Manchmal fühlt man sich von allen verlassen, so furchtbar allein da draußen. Die Wellen sind zwischendurch so hoch, daß das Boot auf der anderen Seite verschwindet. Dann schneidet das Schleppseil durch die drei bis vier Meter hohen Kämme, und du ziehst dagegen, bei 90 bis 120 Stundenkilometer. Es ist mörderisch.
Ich war zehn Jahre alt, als ich zum erstenmal beim Grand National startete. Verbissen wie ich war, gab ich nicht auf, obwohl ich mich kaum noch aufrecht halten konnte. Am Ziel war ich der glücklichste Bub von ganz Amerika: Der kleine Pokal war für mich keine Trophäe im üblichen Sinn, sondern Zeichen meines Durchhaltewillens. Ja, ich hatte durchgehalten! Ich war zwar nur Zwölfter geworden, aber ich wußte: Irgendwann würde ich das Grand National gewinnen. Und tatsächlich, von Jahr zu Jahr wurde ich besser: Achter, Sechster, Fünfter, Dritter, Zweiter, und mit siebzehn Jahren war ich Sieger.

In diesem entscheidenden Rennen fuhr ich im Schlepp eines Off-shore-Rennboots. Es war eine dieser zwölf Meter langen Zigarren, in denen Pilot, Navigator und Beobachter ihre Arbeit nur stehend erledigen können, wenn sie sich kein Rückenleiden zuziehen wollen. Mein Boot wurde von zwei 600-PS-Motoren angetrieben und war je nach Wasseroberfläche bis zu 180 km/h schnell. Bei solchen Geschwindigkeiten darf der Steuermann keinen Fehler machen, sonst fliegt das Boot weg und allen um die Ohren. Deshalb haben die meisten Off-shore-Racer spezielle Ruderflächen, die es, ähnlich wie ein Flugzeug, um alle Achsen trimmen. Manche Hersteller bieten kreisel- oder computergesteuerte Trimtabs an, doch viele Off-shore-Piloten trimmen lieber von Hand. Die harten Schläge machen die teuren Instrumente oft schon nach kurzer Zeit wirkungslos. Für den Wasserski-

fahrer sind diese Schläge etwas weniger brutal, denn er fährt bei Geschwindigkeits- und Distanzrennen fast ausschließlich im Kielschaum.
Ich gewann das Grand National 1966 in einer Stunde und vier Minuten. Eine Rekordzeit, die erst acht Jahre später unterboten wurde!"
„Da habt ihr sicher groß gefeiert", wollte Monika wissen.
„Wir haben unsere Siege immer gefeiert. Aber groß war dabei meistens nur die Pizza!"
„Mike, eigentlich wäre jetzt, wenn auch um dreizehn Jahre verspätet, eine Flasche Champagner fällig", meinte Raimund Harmstorf.
„Soll ich eine Flasche Champagner bringen?"
„Nein, nein, Monika. Vielen Dank. Ich werde morgen mit dem Drachen die ersten Probeflüge machen. Es ist besser, wenn ich einen klaren Kopf behalte. Weißt du, Schleppflüge stellen immer eine erhöhte Gefahr dar. Solange man am Seil hängt, ist man den Böen viel stärker ausgesetzt. Das Fluggerät, egal ob Drachen oder Segelflugzeug, ist quasi starr mit dem Boden verbunden. Aus diesem Grund ist es den Turbulenzen regelrecht ausgeliefert. Deshalb mag ich Schleppflüge nicht. In Grenada wird es das letzte Mal sein, daß ich mich schleppen lasse. Das habe ich Raimund schon beim ersten Telefongespräch gesagt."
„Wie wird so ein Grand National gestartet?" erkundigte sich Raimund.
„Massenstart, eine wahnsinnige Angelegenheit! Da sind vierzig bis fünfzig Boote auf einer Linie, zum Teil keinen Meter voneinander entfernt. Sobald der Skifahrer bereit ist, hebt der Beobachter im Schleppboot die Hand. Damit signalisiert er dem Starterboot, das vor dem Bug der ruhenden Schleppboote mit einer roten Fahne hin- und herfährt, seine Bereitschaft. Wenn die letzte Hand

oben ist, geht das Starterboot zur Seite, zeigt eine grüne Fahne. In diesem Augenblick fahren alle an, ziehen den Skifahrer aus dem Wasser, beschleunigen bis zirka 60 km/h. Ist der Start geglückt, wird im Starterboot die grüne Fahne runtergerissen. In dieser Sekunde ist dann die Hölle los: Schlagartig heulen die insgesamt 40 000 bis 50 000 PS auf, und die Meute jagt mit 100 bis 130 Sachen aufs offene Meer. Wer dieses Spektakel nie selber erlebt hat, kann sich kaum vorstellen, was da los ist!"
„Hast du nur Geschwindigkeitsrennen gefahren?" fragte Monika.
„Nein, ein Jahr nach dem Grand National-Sieg, versuchte ich einmal ein Slalomrennen. Der Carlsbad Club hatte einen Wettbewerb in der Carlsbad Lagoon ausgeschrieben. Ich bin dann, ohne je in der Slalom-Disziplin mitgemacht zu haben, hingefahren und ..."
„... und hast gewonnen?! Jetzt aber eine Flasche des edlen Trunks aus dem Keller des gesegneten Mönchs Pérignon!" Raimund klopfte Mike auf die Schulter.
„Nein, nein. Ich meine, ich hatte nicht gewonnen. Es sah zwar anfänglich gut aus. Ich verkürzte die Schleppleine von 75 auf 63 Fuß, so fährt man enger um die Bojen, kann schneller geschleppt werden. Allerdings ist die Sturzgefahr um so größer, je mehr die Leine verkürzt wird. Denn man kommt näher und näher an die Boje, bis man sie schließlich so nehmen muß, wie Ingemar Stenmark die Slalomstangen: Ski außen, Körper innen. Da ist kein Spielraum mehr für Fehler. Ich begann das Rennen mit 45 km/h und steigerte im Laufe der Runden auf 55 km/h. Mit dem Fahrer war vorher abgesprochen, daß er langsam auf 60 km/h aufdrehen sollte. Leider verpaßte ich die 37. Boje und schied aus. Trotzdem schrieb Knobby, der Schriftführer des Carlsbad-Clubs, daß ich die Sensation des Tages gewesen sei, und ergänzte: ‚looks like a bright slalom future for this kid!'

Meine Mutter war stolz und klebte den Ausschnitt ins Album. Aber ich glaube, diese Zeilen waren vor allem eine Erleichterung für sie: Ich hatte offenbar auch Talent im Slalom- und Trickskifahren. Und das bedeutete weniger Tempo!"

„Hatte denn deine Mutter mit den Motorradrennen aufgehört?" fragte Monika.
„Nein, ganz im Gegenteil. Aber weil sie aus eigener Erfahrung wußte, wie gefährlich große Geschwindigkeiten sind, hat sie sich meinetwegen immer Sorgen gemacht. Apropos Hochgeschwindigkeit: An jenem Wochenende, an dem ich in der Carlsbad-Lagune erstmals Slalom gefahren bin, hatte Chuck Stearns, ein Freund von mir, im Long Beach Marine Stadium einen neuen Geschwindigkeits-Weltrekord gefahren. Im Schlepp eines Hallet Hydrobout-Runaplane schoß er vor den Kameras von Life-Magazine und CBS durch die Lichtschranke: 119,85 Meilen in der Stunde, 192 Stundenkilometer!"

Monika machte große Augen: „Man muß sich das einmal vorstellen: Mit fast 200 km/h auf einem schmalen Brettchen übers Wasser flitzen!"

„Und du? Hast du dich nach deinem vielversprechenden Slalom-Start in dieser Disziplin etabliert?" fragte Raimund.

„Nein, den Carlsbad-Slalom fuhr ich nur aus Spaß, einfach so, weil ich es einmal ausprobieren wollte. Ich blieb der Langstrecke treu und wurde Ende Sommer zum zweitenmal amerikanischer Meister in der Eliteklasse. Es ist der härteste Titel, den man in diesem Sport erkämpfen kann. Danach kam meine College- und Universitätszeit: ein neues Kapitel in meinem Leben, genauso faszinierend und aufregend, mit viel Wasserski, aber ohne Wettkämpfe."

5

„Komm, Mike, der Captain möchte dich kennenlernen."
Monika ging voraus, durch den Gang zwischen den Sitzen. Sie schob einen bodenlangen Vorhang beiseite, dann klopfte sie an die schmale Tür mit dem Guckloch und öffnete. Mit einem Schritt waren sie in einer anderen Welt: in der Schaltzentrale eines kleinen Metallplaneten, im Orbit an der Grenze der Stratosphäre.
„Captain Schubert, darf ich vorstellen: Mike Harker."
Das weiße kurzärmlige Hemd mit den vier Streifen auf den Achselplatten drehte sich um. Ein reifes, aber fröhliches Gesicht schaute Mike vom linken Sitz entgegen.
„Freut mich, Mike Harker. Ich bin Jürgen Schubert." Er streckte Mike seine Hand entgegen. Dann stellte er den Copiloten und den Flight Engineer vor.
„Wir haben eben unseren Position-Report abgegeben. Für die nächsten Minuten ist Ruhe. Zwischenzeitlich macht der Autopilot die Arbeit für uns. Er hält brav die eingerastete Höhe: 36 000 Fuß, das entspricht beim momentanen Luftdruck rund 11 000 Meter über Meer, und den Kurs: 239 Grad, etwa Süd-West."
Jürgen Schubert verglich ein paar Daten und Instrumente und drehte dann an einem kleinen Rädchen in der Mittelkonsole.
„Eine kleine Kurskorrektur, direkt in den Autopiloten. Die Seitenwindkomponente scheint stärker geworden zu sein. – Nun aber zu Ihnen, Mike Harker. Einen Autopi-

loten brauchen Sie wohl nicht für Ihren Drachen! Und den Bordcomputer ersetzen Sie durch Können. Benutzen Sie überhaupt Instrumente?"

„Ja, seit der ersten Weltmeisterschaft vor zwei Jahren, 1975 im österreichischen Kössen, sind Instrumente stark aufgekommen. Vor allem das Variometer. Es ist wichtig, daß wir das Steigen oder Sinken genau ablesen können. Wir schrauben das Vario, wie alle anderen Instrumente, an den Steuerbügel. Findige Elektroniker sind bereits daran, Instrumenten-Gruppen zu entwickeln und in kleine, aerodynamisch günstig geformte Gehäuse einzubauen. Diese Geräte sind – entschuldigen Sie bitte, ich will Boeing nicht beleidigen – viel präziser als zum Beispiel Höhenmesser, Vario oder Fahrtmesser Ihrer 707. Wir haben geeichte Prototypen, die eine digitale Höhenangabe auf dreißig Zentimeter, die Fahrt auf einen Kilometer pro Stunde und die Variowerte auf zehn Zentimeter genau angeben. Ich habe allerdings das Gefühl, daß wir erst noch die Leistung unserer Drachen verbessern müssen, bevor wir diese elektronischen Wunderwerke richtig nutzen können."

„Wie lernt man das Drachenfliegen?" wollte der Captain wissen.

„Nun, am besten kommen Sie einmal für zehn Tage nach Scuol im Unterengadin. Wenn's Wetter einigermaßen mitspielt, können Sie danach sicher mit einem Drachen umgehen."

„Nur zehn Tage? Und wie haben Sie das Drachenfliegen gelernt?"

„Ich hab' es mir vor neun Jahren selber beigebracht, während meiner Semesterferien in Cypress Gardens."

„Cypress Gardens?"

„Das ist der älteste Freizeit-Show-Park der Welt, bestand schon vor Disneyland in Los Angeles."

Mike erzählte begeistert von der Anlage am Lake Eloise

in Florida, zwischen Orlando und Tampa. Dort wurde 1939 das Wasserskifahren erfunden. Und seitdem wird dort die anspruchvollste Wasserskishow ganz Amerikas gezeigt. Als Höhepunkt springen die vier besten der dreißig Mann starken Show-Truppe, die Ski One, zusammen über die Schanze und machen synchron einen Salto.

„1967 war ich zum erstenmal dort. Als amtierender US-Champion wurde ich gleich als Ski One eingesetzt und verdiente eine gute Gage. Dabei lernte ich Ken Tibado kennen. Er flog mit einem Drachen kurze Showparts am Schleppseil hinter einem Wasserskiboot. Sein Flugapparat sah aus wie ein zu groß geratener fünfeckiger Kinderdrachen. Und genauso instabil muß er auch gewesen sein, denn Ken war jedesmal froh, wenn er die Strecke vor der Tribüne ohne Probleme überstanden hatte. Er fragte mich einmal, ob ich einen Flugversuch wagen wollte. Ich lehnte dankend ab. Es schien mir zu riskant. Ein Jahr später, ich war während der Semesterferien wieder in Cypress Gardens, sah ich einen neuartigen Drachen, der sofort meine ganze Aufmerksamkeit in Beschlag nahm: ein dreieckiger Delta. Das war's. Damit wollte ich fliegen! Doch ich mußte bis fast zum Ende meiner Ferien warten, bis ich dazu Gelegenheit fand."

„Was war das für ein Gerät?" wurde der Captain neugierig, nachdem er den Copiloten angewiesen hatte, die Instrumente zu überwachen.

„Es war ein Moyes-Deltaglider, von Bill Moyes in Sydney gebaut. Die Urform stammte vom NASA-Ingenieur Francis Rogallo. Ursprünglich wollte die NASA mit dieser Konstruktion große Fallschirme ersetzen, um Raketen nach ihrem orbitalen Einsatz lenkbar zur Erde zurückbringen zu können. Die NASA verwarf jedoch das Rogallo-Konzept, es eignete sich nicht für die hohen Lasten, und benutzte weiterhin die bewährten Fallschirme. Rogallo konnte sein Patent daraufhin privat verwerten. Leider blieb der erhoffte finanzielle Erfolg aus. Es interessierte sich niemand für das einfache Fluggerät. Die Welt war im PS-Rausch und flog auf der Power-Welle.

1963 sah der australische Wasserskifan John Dickenson die Rogallo-Patentschrift und erkannte: Damit könnte man, von einem Boot geschleppt, auf simple Art in die Luft kommen. Bis das anspruchslose Ding jedoch auch entsprechend fliegen gelernt hatte, vergingen ganze drei Jahre. Schließlich klappte es. Am 20. Dezember 1966, nach mehreren mißglückten Startversuchen, hob Dikkensons Clubkamerad Bill Moyes ab: Von einem Boot geschleppt, flog er in der Nähe von Sydney einem Fluß entlang.

Nach einer halben Stunde passierte der entscheidende Zwischenfall: Das Seil riß. Der Drachen schlingerte gefährlich, doch Moyes brachte ihn nach erstem Schreck unter Kontrolle und landete sanft am Ufer. Das Gerät hatte sich so problemlos steuern lassen, daß Moyes schon Wochen später daranging, den Rogallo-Dickenson-Drachen in Serie herzustellen. Und mit so einem Gerät war ein weiteres Clubmitglied, ein gewisser Bill Bennett, nach Amerika gekommen."

„Nur einen Moment bitte!" Captain Schubert griff zum Mikrofon – seine Kopfhörer-Sprechgarnitur hatte er beim Eintreten von Mike abgelegt – und gab seinen Positionsbericht durch:

„Lisboa Radar, this is Condor Delta Fox triple three zero, do you read?"

Eine leicht verzerrte Stimme mit portugiesisch angehauchtem Akzent meldete sich nach ein paar Sekunden aus dem Lautsprecher:

„Condor 3330 from Lisboa, go ahead!"

Die Angabe von Position und das Bestätigen des nächsten Meldepunktes dauerte keine Minute, dann wandte sich Captain Schubert wieder an Mike.

„Ja, und da kam dieser Bennett mit einem australischen Drachen, der eigentlich eine amerikanische Erfindung war, nach Amerika. Und was geschah weiter?"

„Bennett machte viel Publicity. Sein Schleppflug, hoch über der Freiheitsstatue in New York, ging durch die ganze Presse. Als er seinen Drachen einen Monat später in Cypress Gardens vorführte, beeindruckte mich vor allem, daß man selber ausklinken und sicher runterkommen konnte. Das war nicht zu vergleichen mit der instabilen Sache von Ken Tibado.

Als Bennett nach Kalifornien abreiste, um eine Sendung neuer Moyes-Drachen in Empfang zu nehmen, da holte ich einfach seinen Delta aus dem Lager. Ich wollte fliegen. Ich mußte es riskieren! Mein Bootsführer und ich überlegten, wie wir den Start angehen sollten, besprachen Punkt für Punkt die einzelnen Flugphasen. Zum Schluß stellten wir unsere erste, verbindliche Sicherheitsregel auf: Auf keinen Fall höher schleppen, als man gewillt war, runterzufallen.

Und dann schlug mein Schicksal zu: Der Start funktionierte auf Anhieb! Ich flog zum erstenmal und wußte im gleichen Moment, das war meine Sache. Es war unbeschreiblich, auch wenn ich nur ein paar Meter über dem Wasser dahinglitt.

Wir machten auf dem Lake Eloise in den kommenden Tagen jeden Abend nach der letzten Show zahlreiche Schlepps bis zum Sonnenuntergang. Von Mal zu Mal wurde ich sicherer, wagte größere Schlepphöhen, landete so präzise, daß ich mit den Wasserski den Strand erreichte, bevor die Schwimmer des Drachens das Wasser berührten. Und mit der Sicherheit kam die Überzeugung: Mit so einem Delta wollte ich auf der ganzen Welt fliegen, über jeden See. Ich malte mir aus, daß man auch

ohne Schleppseil von den Bergen starten könnte.
Es war Bestimmung, daß ich das Drachenfliegen zum damaligen Zeitpunkt gelernt hatte. Denn Uncle Sam wartete: I was drafted – ich mußte zum Militär. Und das zu einem Zeitpunkt, an dem fünfundneunzig von hundert Rekruten im Anschluß an die Grundausbildung nach Vietnam geschickt wurden. Meine Mutter hatte deswegen Horrorvisionen. Ich aber war überzeugt, eines Tages mit dem Deltafliegen meinen Lebensunterhalt zu verdienen. Also war ich sicher, daß ich heil aus dem Militärdienst zurückkommen würde. Ich machte mir weiter keine Sorgen und packte mein Köfferchen."

6

„Gefreiter Harker!"
„Yes, Sir!"
„Oberst Jacobson will Sie sprechen – sofort!"
„Yes, Sir!"
Gefreiter Harker salutierte stramm. Er verstand sich gut mit dem kleinen Feldwebel Lyons. Allerdings war mit ihm schlecht Kirschen essen, wenn man nicht schnell und – verdammt noch mal! – richtig reagierte. Und nun sollte Mike zum Brigade Commander. Es gab zwei Möglichkeiten: entweder ganz gute, oder ganz schlechte Nachrichten. Für mittelmäßige News wurde man nicht zum Oberst befohlen.
‚Carroll C. Jacobson JR. Col, CE' stand auf Holzimitation, weiß eingraviert, neben der grünen Tür. Mike war im Anschluß an die Grundausbildung in Fort Ord, Kalifornien, nach Missouri versetzt worden. Obwohl er sich als vortrefflicher Schütze entpuppte, wurde er in einer Pionier-Einheit in Fort Leonard Wood zum Bootsfahrer ausgebildet. Das paßte ihm. Vielleicht hatte der Aushebungsoffizier ausnahmsweise eine Personalakte genau studiert und erkannt, wo Mike am besten einzusetzen war. Der Vietnam-Krieg dauerte nun schon vier Jahre, ein Ende war nicht abzusehen. Alle jungen Amerikaner wurden zu Soldaten gedrillt. Sobald sie mit einem Gewehr umgehen konnten, landeten sie in Saigon und kurz danach an der Front. Fort Leonard Wood war letztlich auch nur eine Etappe auf dem Weg in die Hölle. Aber noch war Mike in den USA.

Er zögerte einen Moment, dann klopfte er kräftig an die Tür.
„Ja?"
Adjutant Webster schaute kurz von seinen Papieren hoch und sagte:
„Ah, Harker. Gehen Sie bitte hinein!"
Oberst Jacobson erhob sich von seinem Sessel, als Harker eintrat, und erwiderte seinen Gruß.
„Gefreiter Harker, wir werden Ihnen morgen die Ehrenauszeichnung für außergewöhnliche Leistung überreichen. Sie haben diese Urkunde verdient. Ich dachte, das wird Sie interessieren!"
„Yes, Sir!"
„Und noch etwas, Gefreiter Harker, Sie sind eingeteilt worden: zur Pontonbau-Kompanie in ..."
Mike stockte das Blut in den Adern.
„... in Darmstadt, West-Germany. Ich dachte, das interessiert Sie ebenfalls!"
„Yes, Sir! Thank you, Sir!"

Sie waren 190 junge Soldaten in Fort Leonard Wood. Zehn kamen nach Europa, alle anderen nach Vietnam. Anfang 1969 nahm Mike in Darmstadt Farbe und Pinsel in die Hand. Er ging zur großen Halle, in der sein feldgraues Boot untergestellt war, und malte den Grundriß von Kalifornien auf die Verkleidung vor dem Führerstand. Daneben pinselte er in schwungvollen Buchstaben: ,California Dreamin'. Genauso schwungvoll und präzise, wie er mit dem Pinsel umging, packte er zwei Monate später das Ruder und den Bleistift, als es bei einem Fachwettbewerb darum ging, militärisches Wissen und praktische Fähigkeiten nachzuweisen. Mike gewann den ersten Preis: eine Woche im AFRC von Garmisch, dem American Forces Recreation Center am Eibsee.

„I don't believe this – das ist ja kaum zu glauben!" Der AFRC Commander sprang von seinem Stuhl hoch und beugte sich über die Terrasse vom Hotel Eibsee: Da unten fuhr ein junger Mann Wasserski – ohne Wasserskier! Er wandte sich an einen Unteroffizier und wünschte, mit dem Mann zu sprechen, der ohne Wasserskier Wasserski fuhr.
„So, Gefreiter Harker. Auf Urlaub in Garmisch. Fachwettbewerb in Darmstadt gewonnen. Schön! Können Sie sonst noch etwas auf dem Wasser, vielleicht mit Skiern?"
„Yes, Sir!"
Und Mike demonstrierte sein Können: eine spritzige Darbietung, die dem Show-Manager von Cypress Gardens alle Ehre gemacht hätte. Als Mike zum Schluß einen Salto von der Sprungschanze drehte, klatschten die anwesenden Offiziere und Soldaten begeistert Applaus.
Zwei Tage später wurde Mike zum Sergeant befördert.
„Feldwebel, weil alle Ausbilder mindestens Feldwebel sein müssen!" hatte ihm der Commander erklärt. Mikes Aufgabe: den verweichlichten Typen – verdammt noch mal! – anständiges Wasserskilaufen beizubringen. Darmstadt und ‚California Dreamin' ade, ihm wurde sein großer Militärsack per US-Army-Hauspost nach Garmisch nachgesandt. Doch gebraucht hat er nichts davon. Den ganzen Sommer hindurch, bis in den Herbst hinein, gab es für Mike nur ein einziges Uniformstück, eine rote Badehose. Den Friseur sah er in diesem Jahr auch nicht mehr. Dafür nette Mädchen.
Gabi Gayko, die Tochter des AFRC-Hotelmanagers, und ihre Freundin Morayma Schad gehörten zu den wenigen Privilegierten, die im US-Army Recreation Center ungehindert ein- und ausgehen konnten. Die beiden Sechzehnjährigen verbrachten jede freie Minute

am Eibsee, waren oft mit Mike zusammen. Er lehrte sie Wasserskilaufen und auf seiner BSA Motorradfahren. Sie joggten zusammen um den See oder wanderten im Loisachtal. Verliebt war man nicht, aber man liebte das Leben. Fitneß war gefragt, auch abends. Man traf sich zum Tanzen im John's Club im Alpenhof von Garmisch. John Jaeger hatte seinen Club mit alten Bildern, alten Sofas, alten Lampen und sonstigem alten Trödelzeug zu einem gemütlichen Treffpunkt gemacht. Es war *die* Disco von Garmisch, jeden Abend proppenvoll. Schön für Mike und seine Clique: Man fand immer Einlaß, auch wenn der letzte Sitz doppelt belegt war. Man war befreundet mit John, kannte den Türsteher und alle von Garmisch, die nicht nur auf Durchreise waren. Wahrlich: ein herrliches Leben für einen Sergeanten der US-Army.
„Mike, kommst du mit, Tennis spielen?" Morayma hatte an einem Nachmittag erwartungsvoll einen zweiten Schläger in der Hand.
„Tennis?! Sorry, Morayma, ich habe noch nie in meinem Leben Tennis gespielt!"
„Das glaub' ich dir nicht! Komm, Sportkanone!" Und ohne weiter zuhören zu wollen, öffnete sie das Gittertor zum Tennisplatz, drückte Mike den Schläger und drei Bälle in die Hand und ging auf die andere Platzseite.
„Spielen wir uns erst ein wenig ein – dann ein kleines Match, okay?"
„Morayma, wirklich, ich hab das noch nie gemacht!"
Ein bißchen verwundert war die hübsche Brünette schon: ein Kalifornier, ein Sportlehrer, kein Tennis – das paßte irgendwie nicht zusammen.
„Nun denn, probier' es doch einfach. So schwer ist das auch wieder nicht. Komm, ich schlag dir ein paar leichte Bälle übers Netz, und du versuchst, sie zurückzuschlagen."

Zwei Tage später traf sie sich mit ihrer Freundin Gabi.
„Es ist nicht zu fassen! Ich glaub' ich muß Tennisunterricht nehmen. Mike spielte mich gestern nachmittag glatt an die Wand!"
„Morayma, Herzchen, was ist denn da Besonderes dran, wenn dich unsere Sportkanone im Tennis schlägt?"
„Seit Kindesbeinen spiele ich Tennis. In La Paz hatte ich den besten Tennislehrer. In San Carlos de Bariloche in Argentinien war ich im besten Club, und nachdem die Familie nach Deutschland zurückgekehrt war, auch ..."
„Ja, Morayma, klar doch, wissen wir alle, du spielst gut, aber Mike ..."
„... aber Mike hatte es erst vorgestern gelernt!"
Gabi schaute ihre Freundin mit großen Augen an. Dieser Mike, ein irrer Typ, ein Naturtalent!
„Der kann einfach alles, wenn er will!"
Wie recht Gabi mit ihrem Seufzer der Bewunderung hatte, sollte sich ein paar Monate später erneut zeigen. Die Sommersaison war zu Ende, der Eibsee als Sportzentrum der US-Army geschlossen. Feldwebel Harker drohte die Versetzung, zurück nach Darmstadt zu seiner Ponton-Einheit. Doch Mike wollte weder nach Darmstadt noch zum Friseur. Inzwischen hatte er wieder lange Haare, das sollte so bleiben. Also mußte er sich was einfallen lassen. Als er das AFRC-Programm für die Wintersaison in die Hände bekam, glaubte er, eine Lösung gefunden zu haben.
Am nächsten Morgen war er in einem Sportgeschäft in Garmisch, lieh sich Schnallenskistiefel, ein Paar Head-Ski und Stöcke. Die Keilhose aus dem neuen Stretchmaterial kaufte er sich, ebenso Strumpfhosen und was man laut Verkäuferin im Winter zum Skifahren alles brauchte. Ob er gut Ski laufen könne, hatte sie gefragt. Ja, sicher. Seit seinem siebenten Lebensjahr würde er kaum was anderes machen. Daß er bisher nur auf dem

Wasser gefahren sei, das sagte er ihm aber nicht.
Die nächsten Tage verbrachte Mike auf dem Zugspitzplateau. Vormittags besuchte er einen Skikurs, die Nachmittagsstunden trainierte er alleine. Zwei Wochen später bestand er die Aufnahme-Prüfung in die US-Army-Skipatrol, eine Art Bergwacht.
Am darauf folgenden Wochenende war das erste Rennen der AFRC-Skisaison angesagt. Mike meldete sich und landete auf dem dritten Platz. Na, sagte er sich, auch das kann man in den Griff bekommen. Mike blieb in Garmisch und seine Uniform im Schrank. Als Skilehrer durfte er Zivil tragen, obwohl er in Europa stationierte amerikanische Soldaten unterrichtete.
Das schöne Leben des Sergeant Harker ging weiter. Ski laufen im Winter, Wasserski im Sommer – und Morayma, Gabi, John und die ganze Clique, die sich abends im Club trafen. Er fühlte sich von Monat zu Monat wohler in Garmisch, sprach inzwischen auch fließend deutsch.
Von einem Urlaub in Kalifornien hatte er im Spätherbst 1969 einen Bennett-Drachen mitgebracht. Bill Bennett fabrizierte inzwischen selbst, war nicht mehr auf Importe aus Australien angewiesen. Auf einer präparierten Skipiste auf dem Zugspitzplateau baute Mike den neuen Drachen auf und versuchte auch mit Skiern zu starten. Wenn ein Skistart ohne Schleppseil möglich wäre, würde das ungeahnte Möglichkeiten eröffnen!
Es funktionierte schon beim zweiten Versuch. Und wie er so zum erstenmal in ein paar Metern Höhe über den Schneehang flog, schaute er über seine Schulter zur Zugspitze und wußte, drei Jahre vor dem großen Ereignis: Eines Tages würde er von dort oben starten.
„Du scheinst mir schon ein echter Glückspilz zu sein: Die amerikanische Unschuld verblutet in Vietnam, während Sergeant Harker in Garmisch das Leben in vollen

Zügen genießt! Wie hast du das bloß geschafft?"
„Ich weiß es nicht, Raimund. Vielleicht hängt es auch damit zusammen, daß Dad uns immer gesagt hat, wir müssen vorausdenken. Er erklärte uns Kindern immer wieder, daß es einen richtigen und einen falschen Weg gibt. Er sagte, daß du den Weg wählst, indem du vorausdenkst. Dann kennst du das Resultat, bevor es passiert. Wenn man genau weiß, was man will, wenn man bereit ist, dafür hart zu arbeiten, dann schafft man es auch.
Andererseits stimmt es schon, daß ich immer sehr viel Glück hatte. Einmal fuhren wir zum Strand, drei Freunde und ich, in einem VW-Käfer. An einer Kreuzung raste ein Cadillac in unsere Seite. Alle waren schwer, zum Teil sehr schwer verletzt. Mein Freund Normann Finn hatte eine Schädelfraktur, mit irreparablen Hirnschäden. Und ich? Mein Hemd war zerrissen, weiter nichts. Das war Glück.
Sein Lebensglück aber darf man nicht irgendeinem Schicksal überlassen. Man muß es in die eigenen Hände nehmen. Behutsam allerdings, sonst zerrinnt es!"
Mike lehnte sich in seinem Sitz zurück und schloß die Augen. ‚... sonst zerrinnt es ...' Irgend etwas stimmte nicht. Er hatte ein komisches Gefühl. Hatte er einen Fehler gemacht?
„Oh, nein! Ich hab' in der Eile heute morgen meinen Drachensitz vergessen. Er liegt im Wagen in München, samt Sicherheitsgurt!"
Ungläubig starrte Mike vor sich hin: „Wie konnte mir das nur passieren?"
In diesem Moment kam Monika aus dem Cockpit und wandte sich an Raimund Harmstorf:
„Der Captain fragt, ob Sie vielleicht auch nach vorne kommen möchten."
„Geh nur, Raimund", meinte Mike, als er bemerkte wie Harmstorf zögerte. „Wir können im Moment sowieso

nichts tun. In Grenada werden wir für einen Ersatz sorgen!"
Nachdem Raimund gegangen war, strich sich die Stewardeß eine Locke aus der Stirn und schaute Mike verlegen an.
„Es ist vielleicht ...", begann sie, „... aber ich würde gerne wissen, ob du Angst hast, wenn du mit dem Drachen fliegst."
„Gute Frage!" Mike bat Monika, Platz zu nehmen.
„Ja, wenn das Wetter nicht stimmt und ich trotzdem starten muß, dann habe ich so etwas wie Angst. Das kommt gelegentlich vor, weil Veranstalter, Presseleute oder Fernsehkameras auf meine Flugvorführung warten. In so einem Moment, das gebe ich gerne zu, ist mir alles andere als wohl bei der Sache. Wenn ich aber vor dem Flug die Arme ausbreite und der Wind streicht gleichmäßig durch die Finger, dann freue ich mich richtig auf den Start!"

Mike war aufgestanden, hatte demonstrativ die Arme ausgebreitet und die Finger gespreizt:
„Kommt der Wind stetig von vorne den Hang hoch, dann wird der Flug zum wahrgewordenen Traum von der Freiheit der Vögel.

Leider kann dieser Traum auch schnell zum Alptraum werden. Dann, wenn trotz aller Sicherheitsvorkehrungen eine Grenzsituation eingetreten ist, bei der der Faktor Glück die entscheidende Rolle spielt! Man sollte das Glück in der Fliegerei aber niemals beanspruchen müssen, weder mit einem Drachen noch mit einem Flugzeug. Sonst kann es böse enden."

„Hast du denn dein Glück schon einmal herausgefordert?"

Nein, bewußt herausgefordert bestimmt nicht. Aber ich war einmal sehr nahe dran. Es gab einen Flug, bei dem nicht mehr ich, sondern das Glück mein Schicksal in Händen hatte. Es war mein Flug von der Zugspitze."

7

Neunzig Meter unterhalb des Zugspitzgipfels steht dicht gedrängt eine Menschenmenge im Schnee, in ihrer Mitte ein sonderbares, buntes Dreieck. Ein leichter Wind kommt auf. Kalt bläst er an der Westflanke des höchsten Berges Deutschlands empor. Die in dicke Mäntel und Skijacken gehüllten Zuschauer wenden sich enttäuscht, drehen den Rücken gegen den Abgrund hinter dem Schneefernerkopf. Sie suchen Schutz vor den nadelspitzen Eiskristallen des gefrorenen Nebels. Ein Kameramann des Zweiten Deutschen Fernsehens gibt seinem Assistenten resigniert die Anweisung, die Kamera zuzudecken und die Batterie unter dem Schaffellmantel vor der Kälte zu schützen. Vielleicht würde es später doch noch klappen mit dem waghalsigen Erstflug. Tot oder lebendig, auf jeden Fall eine sensationelle Geschichte – wenn das Wetter mitspielte.
Seit fast einer Woche wartete man, daß der Amerikaner startet. Wenn es heute nichts wird, wenn heute der Nebel nicht aufreißt, dann ist der Sendetermin vom Samstagabend geplatzt. Dann würde es in Mainz wiedereinmal heißen: Außer Spesen nix gewesen! Das alte, leidige Lied der Reporter an der Front – das alte Lied der Ressortleiter am Schreibtisch, die nach solchen Flops fürs nächste Rechnungsjahr ihr Budget aushandeln mußten. Nur, es gab Flops auch in wärmeren Gegenden! Mußte sich dieser Mike Harker ausgerechnet die Zugspitze vornehmen? Hätte er nicht vom Pico de Teide fliegen können? Der TV-Mann zog die Kapuze

tiefer ins Gesicht, steckte die Hände in die Taschen seines Parkas und wartete: Ein Loblied auf seinen großartigen Beruf!

„Bravo-Lima, verstanden. Wir starten. In zirka neun Minuten sind wir vor der Klippe!" Heiko Zimmer hatte von Mike über Funk mitgeteilt bekommen, daß Wind aufgekommen sei. Wind, der als letzte Hoffnung die Nebeldecke aufreißen konnte.

Berufshubschrauberpilot Zimmer verriegelte die Tür und drückte über seinem Kopf den Batterie-, dann den Fuelpump-Sicherungsschalter ein. Das rote „Rotor low RPM"-Licht leuchtete auf, und das dazugehörige Warnsignal schrillte durch das Cockpit seiner Bell-206. Eine Allison-Turbine anzulassen war jedesmal ein faszinierendes Spiel mit zum Leben erweckter Technik.

Zimmer drehte sich von seinem Sitz kurz um, Dr. Frank Lang, der Filmproduzent, zeigte ihm den Daumen: Seine Ton- und Kameramänner waren bereit. Wenn nur mit dem waghalsigen Amerikaner alles in Ordnung war.

„Delta-Hotel-Alpha-Bravo-Lima, Jetranger, south of Garmisch, airborne twelve minutes past the hour, climbing to Zugspitze."

Zimmer dachte sich, daß man auch für eine Million Mark Gage keinen Hubschrauberpiloten finden würde, der bereit wäre, mit einem Flattertuch von einem Hügel zu fliegen. Geschweige denn von der Senke beim Schneefernerkopf. Eine verrückte Sache!

Das Luftamt Südbayern hingegen schien die Sache eher nüchtern zu sehen. Sie hatten das Ansinnen von Mike Harker ernstgenommen: Er mußte einen Flugplan aufgeben, wie jedes Privatflugzeug, das von Deutschland nach Österreich fliegt. Der Flightplan ‚Zugspitze, Germany – Ehrwald, Austria' kostete DM 30.–, dreißig Mark! Ein Klacks im Vergleich zu den anderen Ausgaben, die der Amerikaner in dieses entscheidende Unternehmen investiert hatte. Sein gesamtes Geld: alles oder nichts! „Alles" bedeutete den Durchbruch, „nichts" konnte Knochenbrüche, wenn nicht das Leben kosten. Erstaunlicher Typ, dieser Ex-GI: Wahrscheinlich hatte er nicht nur Nerven aus Stahl, sondern auch ebensolche Muskeln. Wie wäre es sonst erklärbar, daß er trotz eines Schienbeinbruchs knapp vierzehn Tage zuvor – er prallte bei einem Trainingsflug gegen eine gefrorene Schneemauer – schon wieder auf den Beinen stand. Angeblich sei Harker ein Halbindianer, und Indianer kennen ja keinen Schmerz.

Mike Harker hatte sich in aller Ruhe die Stiefel zugemacht und seine Ski angeschnallt. Dann zog er seinen Sitzgurt um die Oberschenkel und die Brust und hängte den Karabiner beim Zentralgelenk seines Vierzehn-Quadratmeter-Drachens ein. Er hatte seinen Bennett in der letzten Stunde mehrmals kontrolliert, jede Schraube, jeden Sicherungsring. Er hatte die Alurohre nach Dellen abgetastet, das Segel Meter für Meter nach Rissen abgesucht. Und schließlich von hinten übers Kielrohr gepeilt, ob alle Teile symmetrisch angeordnet waren.

Er wußte: die kleinste Abweichung entscheidet zwischen Sicherheit und tödlicher Gefahr. Er wußte, daß Unfälle nicht geschehen, sondern verursacht werden. Er wußte, daß jeder Fehler den Tod bedeuten kann. Er wußte aber auch, daß man vieles riskieren darf, solange das Risiko kalkulierbar bleibt. Und so hatte er alles darangesetzt, diesen Weltrekordflug bis ins letzte Detail zu planen. Das einzige, das im Grenzbereich lag, waren die Turbulenzen. Doch nach Rücksprache mit den Flugwetterwarten München und Innsbruck war er zum Schluß gekommen, daß er bei Windstärken bis zu zwanzig km/h starten könne. Er schaute auf sein Hand-Anemometer: knapp zwanzig km/h. Es müßte gehen. Nach menschli-

chem Ermessen hatte er alles im Griff und doch etwas Entscheidendes übersehen: Sein Startplatz befand sich an einer windgeschützten Stelle. Er wußte nichts vom Wind, der weiter vorne kräftig um die Kuppe blies.
Wenn doch der Hubschrauber mit der Filmcrew nur bald auftauchte! Die ersten Löcher zeigten sich in der geschlossenen Nebeldecke: Es würde gehen. Das Warten hatte sich gelohnt. Zwei sorgfältig geplante Weltrekorde waren greifbar nahe: der längste Drachenflug mit dem größten Höhenunterschied. Er hatte die Chance, den Rekordflug seines Drachenherstellers Bill Bennett im kalifornischen Death Valley – elf Minuten und 1755 Meter Höhenunterschied – deutlich zu überbieten. Die Höhendifferenz bis Ehrwald betrug fast 2000 Meter, und mit etwas Glück würde sein Flug vierzehn bis fünfzehn Minuten dauern. Eine sensationelle Zeit, lagen doch durchschnittliche Flüge in den USA derzeit bei zwanzig bis fünfzig Sekunden.
Wenn nur alles gut ginge. Wenn er nur Nerven aus Stahl hätte. Die ewige Warterei hatte ihn doch nervöser gemacht, als er wahrhaben wollte. Und zudem schmerzte das Bein. Vielleicht hätte er doch eine Schmerztablette nehmen sollen. Aber er haßte Chemie, biß lieber auf die Zähne.
„Mike von Bravo-Lima, bitte kommen!"
„Bravo-Lima, von Mike!"
„Bravo-Lima, wir sind in einer Minute an der verabredeten Stelle, der Kameramann ist bereit!"
„Okay, Bravo-Lima. Bitte daran denken, so nahe ran an mich wie möglich, aber niemals über mich und niemals luvseitig von mir. Die Turbulenzen könnten mich zum Absturz bringen!"
„Verstanden, wie verabredet! Viel Glück!"
„Danke. Ich schalte jetzt ab!"
Mike gab das Funkgerät einem Helfer und schaltete sein

Tonband an: Es war geplant, daß er während des Fluges seine Eindrücke auf Band sprechen sollte: authentischer Sound für den Fernsehfilm.

Der ZDF-Kameramann hatte inzwischen seinem Assistenten den Auftrag gegeben, die Schutzhülle der 16 Millimeter-Arriflex zu entfernen und die Frontlinse des Angénieux-Zooms sorgfältig zu reinigen. Das Batteriekabel war eingesteckt, ein kurzer Probelauf zeigte, daß trotz Kälte alles funktionierte. Der neu eingelegte Dreißig-Meter-Film würde für reichlich zweieinhalb Minuten Aufnahmezeit garantieren. Wieso zweieinhalb Minuten, wollte sein Assistent wissen.

„Weil ein Meter Film 132 Löcher hat. Pro Loch ein Bild, pro 25 Löcher eine TV-Sekunde, und jetzt rechne selber aus, ob du auch auf 158 Sekunden Aufnahmezeit kommst! Auf jeden Fall reicht's. Selbst dann, wenn der Amerikaner den Start abbricht und wir seinen Anlauf auf den wenigen Metern vor dem Abgrund ein zweites Mal drehen müßten."

Wie dieser Wahnsinnige sich vorstellte, einen Startabbruch vor der Klippe heil zu überstehen, war nicht klar. Er hatte die Erklärung: „Trapez ausstoßen und gleichzeitig mit den Skiern abschwingen" nicht ganz begriffen. Na ja, zumindest Skilaufen konnte der Ami, war ja schließlich Skilehrer gewesen.

Entschlossen hob Mike seinen Drachen hoch, klemmte die Schultern in den engen, kleinen Steuerbügel. Der Wind paßte ihm nicht ganz. Er drückte das Segel auf allen Seiten runter und kam nur kurzzeitig von vorne. Die Nebelwand aber war – wie erhofft – aufgerissen, gab das Lermoser Tal und, gegenüber vom Startplatz, den Daniel mit der Upsspitze frei. Mike wußte: jetzt oder nie! Und der verdammte Abgrund war so nahe. Aber er wußte auch, es müßte gehen. Er hatte sich's hundertmal

von allen Seiten überlegt. Es gab keine unbekannten Faktoren mehr.
„Happy landing!"
Plötzlich war es so still, daß man trotz des Windes das leise Surren der Arri und das Klicken der Fotoapparate hören konnte. Mike schaute ein letztes Mal zum Windsack, sprang mit seinen Skiern in die Spur, beschleunigte, raste gegen den Abgrund, korrigierte eine Böe, die seinen Drachen zur Seite zu drücken drohte, erreichte die Kante. Schlagartig fiel die Erde unter seinen Füßen weg, Hunderte von Metern tief.
Ein gewaltiges, erlösendes „Hurra" ging durch die Menge: Der Amerikaner flog!
Doch die Begeisterung wich plötzlich einer lähmenden Betroffenheit. Mike war weg. Der ZDF-Kameramann zog sein Zoom zurück, aber der Drachen blieb verschwunden, war auf der kleinen Mattscheibe nicht mehr zu sehen.
„Was ist los?" Niemand wagte die bedrückende Frage auszusprechen: Ist Mike abgestürzt? Bange Sekunden vergingen, lasteten wie eine Ewigkeit auf den Zuschauern.
Da, ein Aufschrei: Ein kleines Dreieck, darunter ein Pünktchen, war tief unten zu sehen!
Was ist geschehen? Bravo-Lima meldete sich über Funk: Mike mußte unmittelbar nach dem Start in starke Turbulenzen gekommen sein. Er ist wohl ein paar hundert Meter im freien Fall durchgesackt. Es müßte allem Anschein nach alles in Ordnung sein. Der Tonmann an Bord hörte ihn trotz Rotorlärms durchs Richtmikrofon singen!
Und wahrlich, Mike sang. Die psychische Belastung der letzten Wochen und vergangenen Wartetage auf der Zugspitze, die Schmerzen vom Beinbruch, alles war weg: Er flog! Er flog und würde bald bewiesen haben,

wie ungefährlich dieser Sport ist. Trotzdem war ihm nicht ganz wohl zumute: Einen Start wie diesen hatte er noch nie erlebt. Kaum war er in der Luft, drückte Fallwind das Segel durch. Die beiden Tragflächenhälften, die Tunnels, waren ganz nach unten zusammengefallen. Der Drachen trug nicht mehr, war zum unsteuerbaren Flattersegel geworden. Die Turbulenzen waren mörderisch. Doch genauso schnell wie er begonnen hatte, hörte der Alptraum wieder auf: Mit einem lauten Knall schlug das Segel wieder auf, Mike war wieder Pilot in Command. Und im gleichen Moment schwor er sich: nie mehr von der Zugspitze!

„In München steht ein Hofbräuhaus ..." Er sang sich die letzte Beklemmung aus dem Leib. Welche Befreiung! Nun mußte nur noch die Landung klappen, auf dem vorgesehenen Feld. Kein Problem, da hatte er genügend Erfahrung. Knapp drei Jahre war es her, daß er auf Zypern für einen Werbefilm so lange Ziellandungen geübt hatte, bis er auf einen Meter genau neben dem brandneuen Ford Capri zu stehen kam. Es war seine erste große Filmsache mit einem Drachen. J. Walter Thompson, die älteste Werbeagentur der Welt, hatte ein Fünfzehn-Mann-Team samt Autos nach Zypern geflogen. Auf die Insel Capri wollte und konnte man nicht, man hätte hier mit neugierigen Erlkönig-Fotografen rechnen müssen. Es waren herrliche Tage, und gut verdient hatte er auch. „Ja, und jetzt werde ich genauso präzise landen, direkt vor den Augen der Kameras und den offenen Armen des Bürgermeisters von Ehrwald."
Weit unter sich sah er das schneebedeckte Landefeld, das er zunächst fast nicht erkannt hätte: Es mußten etwa fünfzig Personen sein, die ihn dort erwarteten. Wenn nur nicht jemand im letzten Moment in die Quere kam. Das nächste Mal würde er das Landefeld mit Seilen absperren lassen – sicher ist sicher!

Das geblähte Segel über ihm wirkte wie das Gewölbe der Sixtinischen Kapelle, in dem man jedes geflüsterte Wort verstehen kann: Zweihundert Meter hoch in der Luft hörte er die Freudenschreie der Kinder. Mann, tat das gut! Er schaute auf die Uhr: Elf Minuten waren verstrichen: Weltrekord und Höhenweltrekord waren so gut wie sicher!
In diesem Augenblick passierte es: Eine Böe erfaßte den Drachen, drückte ihn gefährlich zur Seite. Er schlingerte, sackte durch, doch Mike konnte ihn wieder unter Kontrolle bringen.
Mit einer eleganten Kurve drehte er in den Endanflug und landete – wie geplant – im eingezeichneten Landekreis, glitt auf den Skiern aus und kam direkt vor den Füßen des Bürgermeisters zum Stillstand!

Sofort war sein Drachen von einer Menschenmenge umringt. Mike löste den Karabiner seines Gurtzeugs, trat unter dem Segel hervor und beantwortete die Fragen der Reporter: „Dieser Berg ist die Hölle! – Nie wieder ein Start von der Zugspitze! – Mein Flug war totaler Wahnsinn, aber er war herrlich! – Ja, ich habe bereits neue Pläne: Das nächste Mal will ich vom Fudschijama fliegen!"
Es war Mittwoch, der 11. April 1973. Sein Flug dauerte elf Minuten und 51 Sekunden mit 1980 Metern Höhenunterschied. Er hatte die beiden Weltrekorde geschafft! Und das Publikum applaudierte begeistert: Was für eine Show!
„Würdest du heute, nach fast genau vier Jahren, wieder von der Zugspitze fliegen?" wollte die Stewardeß wissen.
„Nein, Monika, es war der totale Wahnsinn. Obwohl ich sicher war, alles gut vorbereitet zu haben, wurde ich von den Turbulenzen überrascht. Einen Moment glaubte

ich, es sei alles vorbei! Nein, einmal Zugspitze und nie wieder!

Dieser Flug hatte übrigens ein peinliches Nachspiel: Während ich von aller Welt gefeiert und auf Händen getragen wurde, verhaftete man Heiko Zimmer. Der Münchner Hubschrauberpilot hatte meinen unkontrollierten Sturz nach dem Start aus nächster Nähe miterlebt. Als er nun sah, daß ich im Landeanflug nochmals in eine gefährliche Situation geriet und kurz danach eine große Menschenmasse um den Drachen versammelt war, glaubte er an einen Unfall. Kurz entschlossen flog er von seiner Drehposition über die Grenze und landete seinen Hubschrauber hinter der Menschenansammlung auf österreichischem Boden. Ohne Flugplan!

Daraufhin alarmierte der Dorfgendarm Luftaufsicht und Zollbehörde in Innsbruck. Zwei Beamte vom Zollamt Ehrwald wurden zum Landeplatz kommandiert. Sie verhafteten Heiko Zimmer. Gemeinsam flog man nach Innsbruck. Wohl das einzige Mal in Österreichs Geschichte, daß ein Verhafteter sich selbst ins Gefängnis steuerte. Zimmer landete zwar nicht hinter Gittern, aber in einem Hotelzimmer neben dem Innenministerium. Einem Berufspiloten und Besitzer eines sieben Millionen Schilling teuren Luftverkehrsgeräts durfte man wohl eine standesgemäße Unterbringung gewähren.

Bis Zimmer wieder im Besitz seiner Papiere und des Schlüssels für den Jetranger war, dauerte es zwei Tage harter Verhandlungen. Schließlich konnte man den Hofrat, der den Fall untersuchte, davon überzeugen, daß es sich um einen ernst gemeinten Erste-Hilfe-Flug gehandelt habe. Zimmer kam mit einem blauen Auge davon. Die Sache hätte ihn einen Haufen Geld kosten können – vom Verdienstausfall gar nicht zu reden."

Mike schaute durch das ovale Dreifachfenster hinaus auf

den Ozean. Dann drehte er sich zu Monika und sagte:
„Zimmer hatte richtig gehandelt. Wenn ein Unfall passiert, ist es von entscheidender Bedeutung, daß das Opfer schnell ärztliche Hilfe erhält. Wer lange warten muß, hat schlechte Karten!"
„Das stimmt leider! Wenn man bedenkt, wieviele Menschen jährlich auf den Straßen sterben, nur weil es zu lange dauert, bis der Notarzt kommt." Monika schwieg eine Weile. Dann fragte sie:
„Und nach dem Flug von der Zugspitze? Hast du aufgehört, als erster von hohen und gefährlichen Bergen zu fliegen?"
Mike lachte: „Nein, nein! Ein eigenartiges Fieber hatte mich gepackt. So stark wie der Wunsch, den Grand National zu gewinnen, war auch der, große, gewaltige Berge zu besiegen. Ich war eigentlich kaum zurück in meiner Wohnung in Garmisch, als ich mich ins nächste Abenteuer stürzte: Ich begann mit den Vorbereitungen für den Flug vom Fudschijama."

8

„Sake gut – Whisky auch gut!" Der Priester ließ die Flasche im Ärmel seines Kimonos verschwinden und nickte leicht mit dem Kopf. Dann wandte er sich an den Mann neben Mike Harker und sprach auf ihn ein, lange, und wie es schien, sehr überlegt. Immer wieder nickte er, holte tief Atem: „hei, hei – ja, ja", und redete weiter. Mike Harker stand ungeduldig neben seinem Dolmetscher und schaute auf die kahlen Köpfe der beiden Japaner hinunter. Im Land der aufgehenden Sonne war man mit einsfünfundachtzig ein Riese. Doch was nützt es, die Angehörigen eines Volks zu überragen, wenn man sich ganz tief bücken muß, um etwas – anscheinend völlig Unmögliches – zu erbitten. Wenn er wenigstens die japanische Sprache beherrschte! Doch die zwei Wochen im Reich des Tenno hatten ihm nicht nur die Hoffnungslosigkeit deutlich gemacht, auch nur einen Satz japanisch sprechen zu können. Er zweifelte ebenso daran, die Japaner jemals zu verstehen – selbst wenn er ihre Sprache perfekt erlernen würde. Dieses Volk war anders. Sehr, sehr liebenswürdig, sehr, sehr höflich, aber auch sehr, sehr anders. Endlich, der Monolog schien dem Ende zuzugehen.
„Kitchoosan ni tsujaku schte kudasai – bitte übersetzen Sie das dem Piloten-Chef!" Der Priester nickte leicht, machte schon fast eine leichte Verneigung und lächelte mit geschlossenem Mund.
Yoshiri, der Dolmetscher, war ein Klosterschüler, der Mike Harker auf dem Bittgang zu den Shinto-Priestern

begleitete, die rund um den Fudschijama wohnten. Von den insgesamt fünfundzwanzig hatte man die acht wichtigsten ausgesucht. Wenn sie zustimmten, dann durfte Mike vom heiligen Berg fliegen.
Nun drehte sich Yoshiri zum großen Fremden, der den unverständlichen Wunsch hatte, von dem Gipfel ihres Fudschisan zu starten. Mit einem Drachen! Diese Amerikaner! Die immer noch ihren heiligen Berg Fudschijama nannten, nur weil das Zeichen „Berg" von den ersten Fremden verkehrt interpretiert und falsch ausgesprochen worden war.
„Ja und? Was hat der Priester alles gesagt?" Mike konnte seine Ungeduld kaum verbergen. Der Klosterschüler lächelte wissend, nickte leicht und sagte: „Ja!"
„Was, ja?"
„Der Priester hat ja gesagt: Sie können vom Fudschisan fliegen!"
Nun lächelte Mike. Diese Japaner! Er drehte sich zum Priester, verneigte sich leicht: „Arigatoo, domo arigatoo – vielen Dank."
„Gut denn, Yoshiri, dann bleiben jetzt nur noch zwei Priester. Wenn die auch zustimmen, dann kann ich fliegen!"
„Wenn Sie gestatten, Mike Harker, wir kaufen noch zwei Flaschen Whisky?!"
Feuerwasser aus dem Land des Sonnenuntergangs: Was wir Amerikaner mit dieser „Währung" nicht schon alles erreicht haben. Aber hier? Was war es wirklich: Bestechung? Mit einer Flasche Whisky? Nein, nein, ganz sicher nicht. Ein Kauf vielleicht? Einen Japaner mit einer Flasche Whisky kaufen? Oh nein, das ganz bestimmt auch nicht!
Wahrscheinlich gebietet einfach der Anstand, daß man nicht mit leeren Händen auf Besuch geht. So ist das „Ja" des Priesters möglicherweise nichts anderes als eine

Anerkennung der Geste eines unbeholfenen Fremden. Bleibt allerdings die Frage, warum der Priester, mit dem Rücken zum Shinto-Schrein, die Flasche ans Licht gehalten und mit Kennermiene das Etikett studiert hatte. Vielleicht gefiel ihm nur das goldene Männchen, das da mit Stock und Zylinder in großen Schritten über das Label spazierte. Andererseits ist westlicher Whisky für alle Japaner etwas Besonderes. Auch für einen Shinto-Priester, dem Sake ein heiliges Getränk ist.

„Gut, Yoshiri, sag dem Priester bitte, daß ich mich sehr freue, daß ich sehr dankbar bin und daß es für mich ein sehr schönes Erlebnis sein wird, vom Fudschisan fliegen zu dürfen!"

Auf den Postkarten sieht Japans höchster Berg immer aus wie die Brust der Mutter Erde: rein, unberührt und unnahbar. Gelbe Blumen in voller Blüte stehen im Kontrast zum wolkenlosen blauen Himmel und dem schneebedeckten, 3776 Meter hohen Gipfel. Wahrlich, ein fotogenes Motiv. Steht man aber im Juli, wenn das weiße Dach geschmolzen ist, nach sechs bis sieben Stunden beschwerlichen Aufstiegs über rutschiges Lavageröll endlich oben am Kraterrand, schaut man eher verwundert in die Gegend. Die Heiligkeit des Berges ist auf ein einfaches mannshohes Torii geschrumpft. In Richtung aufgehende Sonne steht dieses heilige Symbol, das wie ein π mit doppeltem Dach aussieht, als Tor zwischen Himmel und Shinto-Schrein. Der Schrein selbst ist ein kleines, unscheinbares Gebäude neben der Quelle unterhalb des Kraterrands. Die vielbesungene weiße Reinheit zeigt sich dem Gipfelstürmer als ein kümmerlicher Schneehaufen, umgeben von Abfällen. Auch Japan ist auf der Straße der Zivilisation vom Weg der Keuschheit abgekommen.

Ohne seinen Rucksack mit dem zusammengelegten Steuerbügel, Sitzgurt, Funkgerät, Filmkamera und

Fotoapparat abzunehmen, schaute sich Mike um. Das also war das Zentrum des Heiligtums. Eine zehn mal fünfzehn Meter große Blechhütte, Wetterstation und Herberge, mit Mennige einigermaßen wetterfest angestrichen, ein hüfthoher Steinzaun, in sicherem Abstand zur inneren Kraterklippe und Hunderte von Menschen: Wahrlich, das moderne Tokio konnte nicht weit sein.
Etwas oberhalb der Fudschihütte machte er den Startplatz aus. Der kleine Südwesthang, gerade lang genug, um mit ein paar kräftigen Schritten anzulaufen, endete in einem zehn Meter hohen, senkrechten Abriß. Danach ging es über eine der typischen Lavahalden steil abfallend weiter. Okay, dort könnte er starten. Sollte ihn eine Böe runterdrücken, so bedeutete die senkrechte Wand eine Höhenreserve, ohne die er nicht fliegen wollte. Mit etwas Gegenwind allerdings würde er nach dem Start fast geradeaus wegfliegen, bevor die Aufwindkomponente nachließ und ihn in einem sanften Gleitflug zum Fuß des Fudschi vor die Fernsehkameras bringen würde. Er war beruhigt, die Realität entsprach der 1:10 000-Karte vom Gipfel, die er während der Flugplanung sorgfältig studiert hatte. Um den Drachen aufzubauen, konnte der Kraterweg benutzt werden, der zwei bis drei Meter hinter und unterhalb des schmalen Kamms zum Fudschihaus führte.
„Kitschoosan – Pilotenchef!" Die Träger mit dem Drachen, der Film und Campingausrüstung sowie der Nahrung für drei Tage – auch ein heiliger Berg hatte seine Wetterlaunen – waren angekommen und schauten sich fragend um. Wo der große Fremde wohl morgen früh den Flügel aufbauen würde? Mike deutete zum Kraterweg. Die Japaner, in antiquierten, aber soliden Schnürstiefeln und Knickerbockerhosen, nickten, dann marschierten sie zur Herberge und legten das sechs Meter lange Bündel und die Rucksäcke sorgfältig ab, steckten

die Hände in die Hosentaschen und harrten höflich schweigend der Dinge, die da fliegen sollten.
Am nächsten Morgen war Mike vor Sonnenaufgang am Kraterrand. Er schaltete sein Funkgerät ein und rief Dr. Frank Lang, den Schweizer Filmproduzenten. Wenn alles planmäßig funktionierte, so müßte der jetzt auf Empfang sein, in einem Helikopter am Fuß des Fudschi.
„Frank, bitte kommen!"
„Ja, Mike, versteh' dich fünf. Guten Morgen! Ist alles klar?"
„Auch guten Morgen, Frank. Soweit alles in Ordnung. Schaut gut aus hier oben. Nur der Nebel gefällt mir nicht. Scheint dichter zu werden. Ich beginne mit dem Aufbau. Ich melde mich wieder, sobald die Startvorbereitungen beendet sind."
„Sollen wir jetzt schon losfliegen?"
„Nein, wartet, bis ich mich wieder melde. Es hat keinen Sinn, wenn ihr hier oben mit Hin- und Herfliegen teure Flugzeit vergeudet."
In aller Ruhe begann Mike seinen Drachen zusammenzusetzen. Er stammte von der Firma Melizia in Bozen und war eine Lizenzproduktion nach Mikes Ideen. Von Bennett hatte er sich getrennt. Der Australier, der in Van Nuys bei Los Angeles eine gutgehende Delta-Produktion aufgezogen hatte, sträubte sich immer wieder, Mikes Verbesserungsvorschläge anzunehmen. Mike suchte deshalb einen anderen Partner. 1973 gab es eine kurze Zusammenarbeit mit der Schweizer Firma FFA, einem renommierten Hersteller von Flugzeugen, in dessen Werkshallen in Altenrhein unter anderem der P 16 entwickelt worden war: Ein Erdkampfjäger, der lange Zeit allen vergleichbaren Militärjets konstruktionsmäßig weit voraus war. Doch auch in der Schweiz galt der eigene Prophet nichts im eigenen Land. Das vielversprechende Projekt mußte auf Druck der öffentlichen Mei-

nung, sprich ignoranten Presse, wieder eingestellt werden. Einzige Genugtuung: Der legendäre Learjet war in Ansatzpunkten eine Weiterentwicklung des P 16. Die Firma war okay, aber im Bau von ultraleichten Deltas nicht die richtige Adresse. Die Drachen waren zu schwer und auch zu teuer. Mike landete schließlich in Südtirol. Melizia baute von 1974 bis 1976 über tausend Drachen, jeder elfte ging als Lizenzgebühr an Mike.
Er hatte die Hülle vom Drachen gezogen. Nun befestigte er den dreieckigen Steuerbügel in einem U-förmigen Stahlprofil in der Mitte des Kielrohres. Dann drehte er das sechs Meter lange Bündel um, stellte es auf den Steuerbügel und klappte das Querrohr aus. Als nächstes schwenkte er eine Flügelseite aus und verschraubte das Seitenrohr am Querrohrende. Die Kronenmutter sicherte er mit einer Fokkernadel. Mike zog die andere Flügelhälfte auf und sicherte das zweite Seitenrohr.

„Ii dess ne – ah, wie schön!" Ein Raunen ging durch Hunderte von Zuschauern, die sich wie eine Traube – in japanisch diskreter Entfernung – aufgestellt hatten. „Blau-rot-blau, eine schöne Flugmaschine!" übersetzte ihm ein Träger. Sie alle seien auf den Fudschisan gepilgert, um den heiligen Sonnenaufgang zu erleben und dabei die Segnung des Shinto-Priesters zu empfangen.
Mike klappte den Mast der oberen Verspannung auf. Daran war – „ii dess ne!" – eine japanische Fahne befestigt, die im aufkommenden Wind leicht flatterte. „Hei-hei, ja-ja, das ist schön!"

Als sämtliche Schraubverbindungen kontrolliert und gesichert waren, befestigte Mike die Funkantenne und einen speziellen Dreiecklenker für die 16-Millimeter-Kamera. Dann nahm er aus dem Rucksack einen weißen Overall mit rot-blauen Schulterstreifen, schlüpfte hinein

und zog das Gurtzeug drüber, schnappte die Sicherheitsgurte ein und hängte sich das Funkgerät um:
„Frank von Mike, bitte kommen!"
„Ja Mike, alles okay, der Nebel wird dichter. Viel Zeit hast du nicht mehr. Wir wollen dich aber bei deiner Aufbauarbeit nicht stören!"
„Danke, Frank. Ich gehe jetzt zum Kamm und schau mir die Situation an ... okay, ich bin oben. Au weia! Sieht nicht gut aus. Der Nebel macht jeden Moment dicht. Für euch kein Problem, ihr fliegt außen rum. Startet jetzt und merkt euch, wie dick die Nebelschicht ist. Wenn mich nicht alles täuscht, werden es nur etwa fünfzig Meter sein, die sind in zwanzig bis dreißig Sekunden durchflogen. Mit einem eigenstabilen Drachen kein Problem!"
„Verstanden, Mike. Wir starten und melden dir die Dicke der Nebeldecke. Und mach' keine Geschichten, wie letztes Jahr von der Zugspitze!"
„Nein, sicher nicht. Und dein Pilot wird nach der Landung wohl auch nicht verhaftet werden, zumindest nicht von einem österreichischen Beamten."
„Bestimmt nicht! Bis gleich." Mike hörte noch die ersten Turbinengeräusche durch den Funk. Der japanische Hubschrauber würde bald aus der Wolkendecke auftauchen.
Er ging zurück zum Drachen. Zwei Träger hielten ihn an den Seitenrohren fest – krampfhaft, wie es schien.
„Domo arigatoo – vielen Dank! Aber der Drachen fliegt jetzt nicht fort: zuwenig Wind!"
Plötzlich waren sie zu hören. Drei Hubschrauber kamen hinter dem Felsvorsprung hervor und kreisten langsam über dem Gipfel. Frank meldete sich, seine Stimme kam deutlich, aber hubschraubertypisch abgehackt rüber. Es war, als ob die Rotorblätter bei jeder Umdrehung an seinen Kehlkopf klopfen würden.

„Mike, die Wolkenschicht – schwer zu sagen – scheint etwa dreißig bis fünfzig Meter dick. Sonst ist es recht ruhig in der Luft!"

„Danke, Frank. Bei mir ist alles klar. Die einzige Sorge ist, daß mir die anderen beiden Helikopter zu nahe kommen können."

„Keine Angst, sie sind vom NHK, dem japanischen Fernsehen. Wir haben mit ihnen alles durchgesprochen. Sie haben das Problem mit der Einklappgefahr deines Segels durch den Rotorwirbel erkannt. Wir sind bereit. Und du?"

„Ich gehe jetzt zur Klippe hoch. Melde mich wieder, bevor ich starte."

Er klemmte seine Schultern ins Trapez, richtete sich auf und trug den Drachen zum schmalen Startplatz. Einen Meter hinter der Kuppe stellte er ihn ab. Er kontrollierte noch einmal in aller Ruhe sämtliche Rohre, Verbindungsteile, Kabel, das Segel und zum Schluß die Kamera. Es war alles in Ordnung. Dann hängte er den Karabinerhaken ein, setzte sich die Sonnenbrille auf und die Kopfhörer-Sprechgarnitur darüber, wie damals auf der Zugspitze.

Alle Fudschi-Pilger waren die paar Meter vom Aufbauplatz zum Start nachgefolgt. Jetzt standen sie schweigend da und schauten gebannt auf den Drachen und den mutigen Piloten. Auf einmal kam Bewegung in die Menschenmenge, eine Gasse bildete sich: Der Shinto-Priester war gekommen. In einer feierlichen Zeremonie weihte er den Fremden und bespritzte den Drachen mit Wasser aus der Quelle: Der Kitchoosan war jetzt bereit.

Mike verneigte sich, dann hob er den Drachen auf die Schulter, trat an den Rand der Kuppe auf das fußgroße Stück gerader Fläche. Vor seiner Fußspitze ging es steil nach unten.

Die Menge war ehrfurchtsvoll zurückgetreten. Erstaunlich, schoß es Mike durch den Kopf. In Europa und Amerika würde man die Leute mehrfach ermahnen müssen, Platz zu machen.
Plötzlich kam Wind auf, füllte das Segel, zerrte am Drachen. Mike freute sich: genau richtig, schön von vorne. Einen bis zwei Schritte, und er würde fliegen.
„Frank, ich starte in wenigen Sekunden!"
Er hob den Drachen, bis sich die beiden Seile des Sitzgurtes am Karabiner spannten. Ein letztes Mal schaute er auf den Wollfaden, den kleinen Windspion. In diesem Augenblick ging die Sonne auf: In kurzer Zeit entwickelte sich aus dem ersten schwachen Schimmer ein feuriger, tiefroter Ball.
„Happy landing!"
Er hob die Flügelnase ein paar Zentimeter – der Wind faßte voll unters Segel – zwei schnelle Schritte, dann ließ sich Mike fallen: dreieinhalbtausend Meter über dem Landeplatz nach vorne ins Nichts.
„Bansaii, bansaii, bansaii – hurra!!!"
Der Wind war für einen Moment so stark, daß Mike vor dem Kamm einige Meter an Höhe gewann. Er zog leicht am Steuerbügel, erhöhte die Fahrt und flog vom Fudschi weg, auf sichere Distanz. Dann drehte er eine Kurve und schwebte dem Hang entlang, sah die Japaner dicht gedrängt am Startplatz stehen. Viele hatten sich ihre weißen Tücher vom Kopf gerissen und winkten ihm begeistert zu.
„Mike", klang die sichtlich erleichterte Stimme von Frank an sein Ohr, „Mike, das war ein schöner Start."
„Es ist wunderbar!" schrie Mike begeistert zurück. „Der Whisky hat sich gelohnt!"
„Whisky?! – mein Gott, Mike!!"
„Nein, nicht für mich! Erklär' ich dir nach der Landung! Ich drehe jetzt vom Berg weg, damit ich die Nebeldecke

mit möglichst viel Höhe über Grund durchfliege!"
Während einiger Minuten waren die drei Hubschrauber seine Begleiter. Sie flogen dicht neben und hinter ihm, aber wie abgesprochen nicht vor oder über dem rotblauen Drachen. Das machte Mike richtig Spaß. Niemals zuvor war er mit anderen Flugzeugen gemeinsam unterwegs gewesen.

„Mike, etwas mehr nach rechts, so steuerst du in Richtung Landeplatz. Noch etwas. Ja, diese Richtung beibehalten."

Die Wolken kamen näher, wurden bedrohlicher. Mike wußte, daß der Drachen, wenn er beide Hände vom Steuerbügel wegnahm, brav geradeaus fliegen würde. Wenn nur nicht der Wind in der Blindflugzeit einen Strich durch die Richtung machte.

„Etwas mehr nach rechts, du driftest ab! Ja, gut. Noch etwas ... jetzt. Behalte diese Richtung."

Die Luft hatte plötzlich einen anderen Geruch. Viel intensiver, feuchter, da, die ersten Nebelfetzen ...

„Mike, etwas mehr nach rechts, Mike ... Mike, ich kann dich nicht mehr sehen! Wir fliegen jetzt zum Landeplatz. Mike, hörst du mich?"

„Ja, Frank. Keine Angst, der Drachen fliegt schön geradeaus!"

Mike korrigierte etwas stärker nach rechts. Er mußte nur die Abdrift kompensieren, dann war alles okay. Erstaunlich dunkel hier drin für eine nur dreißig bis fünfzig Meter dicke Wolke, schoß es ihm durch den Kopf. Plötzlich schüttelte der Drachen. Auch das noch, Turbulenzen! Ein dunkler Schatten tauchte auf.

„Mike, wir sind jetzt hinter der Wolkendecke im Sinkflug. Hörst du mich?
Mike? –
Mike??? –
He, Mike, melde dich!"

In kurzen Abständen setzten die drei Hubschrauber auf dem abgesperrten Feld neben dem großen roten Zielkreis, den man für Mikes Landung vorbereitet hatte, auf. Eine Menge Reporter und Pressefotografen war anwesend. Nur Mike kam nicht.

Bange Minuten verstrichen. Keiner sagte etwas, doch alle plagte dieselbe Frage: Ist dem Kitchoosan etwas zugestoßen? Sein Flug, so hatte er vorgerechnet, könne unter besten Bedingungen höchstens eine halbe Stunde dauern, höchstens!

Dr. Lang wollte nicht länger warten. Er organisierte einen Suchdienst. Den drei Hubschrauberpiloten teilte er je einen Sektor zu, einen Reporter mit Funk im Wagen schickte er auf die Seitenstraße, die entlang des Fudschi führte. Er selbst blieb am Landeplatz, bei ihm sollten die Meldungen einlaufen. Was war das nur für eine Geschichte mit dem Whisky? Komisch, daß in solchen Momenten Nebensächlichkeiten so wichtig erscheinen ... vielleicht, um sich abzulenken?

„Doktor Lang, Doktor Lang!" Ein Hubschrauber meldete sich. Endlich: Man hatte Mike gefunden. Wohlauf, aber zehn Kilometer vom Landeplatz entfernt.

Dann funkte Mike:

„Sorry Frank, alles ist in Ordnung. Bin heil gelandet!"

„Gott sei Dank, Mike. Was ist geschehen?"

„Ich hatte in den Wolken plötzlich einen dunklen Schatten vor mir. Bin ihm ruckartig ausgewichen, dabei muß ich wohl das Antennenkabel aus dem Funkgerät gerissen haben. Als ich aus den Wolken rauskam, wußte ich lange nicht, wo ich war. Endlich erkannte ich, in welcher Richtung der Landeplatz lag. Doch da war ich schon zu tief und mußte landen; übrigens, die Flugzeit dauerte genau 23 Minuten!"

∗

„Was war denn das für ein Schatten gewesen?" erkundigte sich Raimund Harmstorf.
„Ich glaube, daß es der Schatten einer höher gelegenen Wolke war, die die Nebeldecke plötzlich verdunkelte. Ein festes Hindernis konnte es nicht gewesen sein, denn als ich kurz danach aus dem Nebel kam, war ich weit vom Fudschisan entfernt. Nur wußte ich das in der Wolke nicht und dachte, die Abdrift sei so groß geworden, daß ich in einer Kurve zum Berg zurückgeflogen bin."
„Bist du je wieder durch eine Wolkendecke geflogen?"
„Nein, nie mehr. Das werde ich auch auf keinen Fall mehr machen. Ein Instrumentenfluglehrer hat mich später einmal mit seinem Flugzeug mitgenommen. Ich mußte die Augen schließen, und er hat ein paar einfache Figuren geflogen. Schon nach der zweiten Kurve konnte ich nicht mehr sagen, in welcher Fluglage wir uns befanden. Einmal steuerte er das Flugzeug in einen Wingover, eine Art Looping mit neunzig Grad Schräglage. Als wir im Scheitelpunkt waren, dachte ich, wir fliegen geradeaus. Ich machte die Augen auf und sah den Horizont wie einen Wasserfall vor mir. Das war mir eine deutliche Lehre: Ohne Blindflug-Instrumentierung hat man in den Wolken nichts zu suchen!"
„Wie war denn das Echo auf deinen Flug? Wie kamst du in Japan an?"
„Just great! Ich war – vielleicht gerade des Zwischenfalls wegen – nach diesem 28. Juli 1974 in aller Munde. Ich blieb drei Monate in Japan und bildete unzählige Skilehrer zu Drachenfluglehrern aus. Während zwei Jahren wurde streng nach meinem Ausbildungssystem unterrichtet, und in ganz Japan war kein einziger Unfall zu verzeichnen. Im vergangenen Jahr wurde das Drachenfliegen freigegeben, und schon mußte man Verletzte und auch Tote registrieren."

„Gibt es denn bei diesem Sport viele tödliche Unfälle?"
„Leider ja. Das hat zwei Gründe: Zum einen waren die ersten Rogallos alles andere als sicher. Roger Staub, der Schweizer Olympiasieger von Squaw Valley, war das erste Opfer. Er verunglückte im Frühjahr 1974 in Verbier mit einem Drachen, der nicht mehr aus dem Sturzflug herauszusteuern war. Aber Hauptursache aller Unfälle sind die Piloten selbst: Nach ein paar Flügen haben sie die Vorschriften vergessen, mißachten die einfachsten Regeln der Vernunft. Das ist lebensgefährlich. Es braucht so wenig, und man hat den einen, kleinen Fehler zuviel gemacht ..."

9

„Fasten Seatbelts, Rücklehnen bitte senkrecht stellen!" Dann bat Monikas Stimme auch, das Rauchen einzustellen: Barbados war nicht mehr weit. Kurze Zeit später setzte die Boeing 707 ihr Fahrwerk sanft auf die Piste von Grantley Adams International Airport. Als die Türen geöffnet wurden, waberte den winterbleichen Gesichtern die feuchtwarme Luft der Karibik entgegen. Blusen und Hemden klebten auf der Haut, noch ehe die Passagiere auf dem Rollfeld angelangt waren. Diskret verschwanden ein paar Krawatten in den Reisetaschen, während sich die ersten Touristen in Richtung Empfangsgebäude bewegten.
Ein völlig veränderter Harmstorf verabschiedete sich von Monika. Er hatte Flanell und Vikuja gegen eine helle Leinenhose und ein weitgeschnittenes Baumwollhemd getauscht. „Die Lavatories eines Airliners sind immer etwas eng zum Umkleiden, aber es geht!"
Mike bedankte sich herzlich für den aufmerksamen Service. – „Vielleicht sieht man sich wieder auf dem Rückflug!"
Bevor die beiden zur Transithalle gingen, überwachten sie das Ausladen des sechs Meter langen Sperrguts. – „Ein Drachen geht nicht beim Fliegen kaputt, sondern beim Transport!"
Zwei Stunden später startete auf der Piste 09 eine Zweimot der Karibik-Fluggesellschaft LIAT. Eine halbe Minute lang stieg sie geradeaus gegen Osten und drehte dann in fünfhundert Fuß über dem Meer Richtung Süd-

west. Ganz hinten in der Hawker Siddeley 748, weit weg vom Lärm, den die beiden Rolls-Royce-Propellerturbinen erzeugten, saßen Harker und Harmstorf.
Man war mit Verspätung gestartet. Das Bodenpersonal hatte beim Verladen des Drachens Schwierigkeiten: Das ungewöhnliche Gepäckstück war fast so groß wie der Frachtraum der Hawker. Aber niemand ärgerte sich; man lachte nur, auch die anderen Passagiere, die geduldig warteten. „Kurs 250 Grad, ziemlich genau 250 Kilometer, eine dreiviertel Stunde Flugzeit bis Pearls, dem Flugplatz von Grenada", hatte der Copilot erklärt, der an der Ladeluke behilflich war.
Mike saß am Fenster und schaute durch die flimmernd heißen Abgase der Turbine auf das tiefblaue Meer. Die Maschine flog sehr tief. Er konnte die einzelnen Frachter und Fischkutter gut ausmachen, die parallel zu ihrem Flugkurs oder in nordwestlicher Richtung unterwegs waren, nach Santa Lucia oder Martinique. Die Kleinen Antillen! Schon lange hatte er sich gewünscht, diese Gegend der Welt einmal kennenzulernen.
„Was hast du nach Japan gemacht?" wollte Harmstorf wissen.
„Japan ...? Oh, nach Europa zurückgekehrt, lernte ich die beiden Allgäuer Eberhard Jehle und Fritz Schweiger kennen. Sie waren Skirennfahrer im deutschen Nationalkader und hatten den europäischen Sommer in Neuseeland als Skilehrer gearbeitet. Wir trafen uns beim Sport-Scheck in München. Thomas Gaitanides vom Bayerischen Rundfunk machte ein Interview mit dem Drachenflieger in Japan und den Skifahrern in Neuseeland. Ich konnte damals nicht ahnen, daß mit diesem kurzen Zusammentreffen vor einem Radio-Mikrofon der Grundstein für eine erfolgreiche Firma gelegt worden war."
„Eine erfolgreiche Firma?"

„Das war so. Fritz und Ebi gefielen mir. Zwei echte Sportler, und begeisterungsfähig dazu. Spontan gründeten wir das Mike Harker Demonstrations-Team. Wir wollten das Drachenfliegen als Sportart überall bekanntmachen und dabei viele Drachen verkaufen. Zusammen reisten wir durch Europa, flogen in den Dolomiten, machten Aufnahmen auf dem Corvatsch bei Sankt Moritz, starteten auf der Sprungschanze in Stockholm, flogen am Holmenkollen bei Oslo, erteilten Flugunterricht, drehten mit Manfred Vorderwühlbecke und flogen 1975 – als erste Drachenflieger im Ostblock! – während des Interski-Kongresses in Strbske-Pleso in der Tschechoslowakei. Es war eine herrliche, wunderschöne Zeit. Wir nahmen, was uns angeboten wurde, genossen das Leben, auch wenn wir gelegentlich von der Hand in den Mund lebten.

Fritz und Ebi gründeten im Juni 1975 die Drachen-Flugschule Allgäu, aus der bald ein Drachen-Import und schließlich eine Drachenbaufirma entstand. Sie baten mich mitzumachen. Ich wollte mich aber nicht fest binden und begann dafür mit der Realisation eines alten Wunsches, einen richtigen Film zu drehen. Es klappte: Für 160 000 Mark produzierten wir 1975 den ‚Ikarus'-Film. Der Sechzig-Minuten-Streifen war ein Spiegel des Drachenfliegens, zeigte die ganze Schönheit, aber auch die Gefahren dieses neuen Sports!"

„Wer waren ‚wir'?"

„Die Idee und das Konzept stammten von mir. Fritz und Ebi halfen bei der Planung und Organisation. Gedreht wurde in Co-Produktion mit dem Bayerischen Rundfunk, die Moderation machte Manfred Vorderwühlbecke. Wir filmten in Deutschland, Mexiko, Kalifornien und auf Hawaii. Als wir auf Dahu ankamen, hatte Bob Wills gerade einen Weltrekord geflogen: Fast zweihundert Minuten war er im kräftigen Aufwind über der

Waimanalo-Klippe gesegelt. So schnell entwickelte sich der Deltasport. Aber noch schneller schien sich die Menschheit an das Neue gewöhnt zu haben: Ich wurde mit einem Elf-Minuten-Flug über Nacht berühmt, und schon zwei Jahre später sprachen nur noch Insider von Bobs dreistündigem Flug. Es war eine Sensation ohne Schlagzeilen.

Schlagzeilen hingegen machte unser ‚Ikarus'-Film. Er wurde ein großer Erfolg. Zum einen brachte er den Traum vom Fliegen gut rüber und ließ das Negativimage des Drachensports für lange Zeit aus der Presse verschwinden. Zum zweiten gewann er dreimal Gold auf internationalen Filmfestspielen, und schließlich verdiente ich ganz gut damit. Ich hatte die Auslandsrechte und verkaufte ihn in 36 Länder."

„Nur 160 000 Mark Produktionskosten?! Und ihr habt auf der halben Welt gedreht. Wie habt ihr das bloß gemacht?"

„Mit dem Telefon! Ich fand gute Sponsoren, zum Beispiel PanAm. Sie finanzierte sämtliche Reisen für alle Mitglieder des Filmteams."

„Was anderes: Kann es sein, daß ich den Namen Bob Wills schon mal gehört habe?"

„Das ist gut möglich, Raimund. Bob war nicht nur in den USA sehr bekannt. Leider verunglückte er mit seinem Drachen während der Dreharbeiten für einen amerikanischen Werbefilm. Der Helikopter mit dem Kamerateam kam zu nahe an ihn ran. Der Rotorstrahl schlug das Segel seines Drachens ein, Bob stürzte ab. Der Unfall machte Schlagzeilen. Vielleicht kommt dir deshalb der Name Bob Wills bekannt vor. Sein Tod traf mich besonders hart. Bob war mein Schulfreund aus der Orange Coast College-Zeit und einer der besten Drachenflieger Amerikas. Seine Firma Sport Kites, später Wills Wing, zählte zu den innovativsten Herstellern.

Nach Bobs Tod übernahm Chris Price die Firma – er war zu meiner Zeit zusammen mit Bob Testpilot bei Bennett gewesen. Chris war sehr geschickt und baute Wills Wing erfolgreich aus. Er machte die Firma zum größten Deltahersteller der USA. – Ja, schade um Bob. Er war ein feiner Kerl und ein ganz hervorragender Pilot."
Und Mike ergänzte voller Begeisterung: „Nie und nimmer geschah es, daß er bei einer Ziellandung den Punkt verfehlte!"
„Was machen jetzt die beiden Allgäuer?"
„Sie bauen heute drei Drachentypen: eine Lizenzproduktion des UP-Dragon, der in Kalifornien von Peter Brock entwickelt worden ist. Brock ist übrigens der Mann, der bei General Motors den Chevrolet Stingray entworfen hat! Die anderen beiden Drachen werden nach meinen Ideen gebaut: der Firebird, ein Hochleister, und der World Cup, ein gutmütiges Allround-Gerät.
Es wurde vereinbart, daß ich für jeden gebauten Drachen eine Lizenzgebühr bekomme. Der World Cup ist Grundmuster für einen zukünftigen, international einheitlichen Wettkampfdrachen. Mit ihm soll in den besten Drachenfluggebieten von Europa, USA, Australien und Japan ein Weltpokal ausgetragen werden, ähnlich dem Weltpokal im Skizirkus.
Die Vorbereitungen für diesen World Cup laufen auf vollen Touren. Ich habe bereits die Zusage von verschiedenen Sponsoren in der Tasche. Das wird ein großes Ding. Wenn ich in zwei Wochen ausgeruht von Grenada zurückkehre, werde ich mich mit voller Kraft an diese Sache machen. Es ist alles geplant, eigentlich kann nichts mehr schieflaufen."
„World Cup, klingt gut. Gibt es auch eine Weltmeisterschaft?"
„Ja, im letzten Jahr, in Kössen, Tirol. Da fand die erste

offizielle Weltmeisterschaft im Drachenfliegen statt. Die Veranstaltung mit zweihundert Piloten aus allen Erdteilen wurde ein großartiger Erfolg ..."

„... und Mike Harker gewann die Goldmedaille?"

„Nein, nein. Es wäre unfair gewesen, wenn ich teilgenommen hätte. Ich war der einzige Profi unter diesen Piloten. So bat man mich, als Mitglied der internationalen Jury und als Delegierter des Deutschen Aero-Clubs in offizieller Funktion teilzunehmen."

„Kaum zu glauben: Mike, der Funktionär!" Raimund mußte lachen. „Aber jetzt bist du als Sportler auf dem Weg nach Grenada, um Eric Gairy die Hand zu schütteln: Der große Drachenflugpionier kommt aus den Lüften herabschwebend zum Ministerpräsidenten. Das wird eine Show!"

„Aber nur, wenn du mir hilfst, die Sachen aufzutreiben, die ich brauche, um einen Ersatz für den in München vergessenen Drachensitz herzustellen!"

„Einverstanden! Aber auch nur, wenn du mir das Drachenfliegen beibringst. Ich wollte es schon immer erleben: das Fliegen wie ein Vogel, die große Freiheit!"

„Abgemacht!" Mike und Raimund gaben sich die Hand. Keiner hätte in diesem Moment daran gedacht, daß die große Freiheit manchmal einen enormen Preis verlangt.

10

„Mike, Mike!!" Eine schlanke, langbeinige Brünette kam ihm mit offenen Armen über den Strand entgegengerannt.
„Morayma?! Was für ein Zufall, du! Was tut denn meine ‚Tennislehrerin' auf Grenada?"
„Zufall, Mike? Gibt es Zufälle? Mein Onkel Ulli hat hier ein Haus, da, am Berg oben. – Oh, entschuldige, Tante Erika, ich bin dir einfach davongelaufen, als ich Mike gesehen hab'. Das ist Mike Harker. Meine Tante, Erika Seifert." Eine sportlich-elegante Dame hatte sich neben das Bikini-Mädchen gestellt und begrüßte den jungen Mann. Dann sagte Morayma, immer noch ganz aufgeregt:
„Ich dachte, ich spinne, als ich dich sah! Was macht denn mein Sergeant Harker auf Grenada, bist du schon lange hier?"
„Nein, ich bin gestern abend angekommen, mit Raimund Harmstorf. Wir leben da drüben im Spice Islands. Ich soll am Ostersonntag bei der Easter Waterparade mit meinem Drachen in die Carrenage hineinfliegen und vor dem Tribünenschiff im Wasser landen. Dann muß ich dem Premier die Hand schütteln. Dafür bekomme ich zwei Wochen Ferien im schönsten Hotel der Insel, alles bezahlt, nicht schlecht!"
„Ah, so ist das! Du bist also der Birdman, der Vogelmensch, von dem hier alle Kinder reden. Sie haben es vor Tagen schon im ‚Radio Grenada' gebracht: Die Waterparade bringt dieses Jahr eine ganz besondere

Überraschung. Hast du Zeit? Komm, wir gehen alle zum Hotel rüber, trinken einen Punch. Du mußt uns viel erzählen. Seit ich gelesen hatte, daß du von der Zugspitze geflogen bist, habe ich nichts mehr von dir gehört. Und gesehen haben wir uns auch schon lange nicht mehr, mindestens vier oder fünf Jahre!"

Morayma hakte sich bei Mike unter, und sie schlenderten in Begleitung von Tante Erika zum Hotel, über die Grand Anse Beach, den schönsten zwei Kilometern Sandstrand der Antillen. Dort setzten sie sich in die Korbsessel der überdachten Bar. Der Blick über den Sand auf die unendliche Karibische See, die im späten Nachmittagslicht gold und silbern glänzte, hielt sie gefangen. Ein lauer Wind strich sanft den Strand entlang, ließ die Palmenblätter rauschen und brachte leise etwas Steelband-Musik vom nahen Grenada Beach Hotel mit: ein kleines Paradies, entrückt jeder irdischen Last.

„Auch einen Punch, Mike?"

„Punch? Was für einen Punch bitte?"

„Einmal sauer, zweimal süß, dreimal stark, viermal schwach. Steht für Limonensaft, Sirup, Rum und Wasser. Alles in den Schüttelbecher und kühl serviert. Dazu eine Prise gemahlene Muskatnuß und einen Spritzer Angostura bitter: köstlich!"

„Okay, für mich einmal sauer, zweimal süß und viermal schwach. Das dreimal stark probiere ich gerne, wenn die Flüge vorbei sind!"

„Mike, immer noch der alte: nur ja kein unnötiges Risiko eingehen! Aber jetzt, ich brenne darauf zu erfahren, was du alles gemacht hast. Weißt du, Tante Erika, Mike ist mein ganz großes Sportidol!"

Und dann erzählte Mike. Er schilderte seine Erlebnisse mit dem Drachenfliegen, berichtete von seinem ‚Ikarus'-Film, seiner Flugschule, seinen World Cup-Plänen, von der Einladung nach Grenada und wie er schließlich am Nachmittag des vergangenen Tages auf dem Flugplatz Pearls bei Grenville gelandet ist.

„Die Fahrt vom Flugplatz nach Saint George's war ein einmaliges Erlebnis. Fast eine Stunde in einem klapprigen, uralten Taxi. Der Rost hatte große Löcher in den Boden gefressen, und eine Tür mußte ich festhalten, während wir auf den schmalen, holprigen Straßen über die Berge rasten. Und wie es überall duftet! Jede Gegend riecht anders: Muskatnüsse, Kakao, alle hundert Meter ein anderer Duft. Das habe ich noch nie erlebt."

Morayma nickte: „Jedesmal, wenn man nach Grenada kommt, erlebt man dies wieder von neuem. Kein Wunder, wird es doch die Gewürzinsel genannt. Was habt ihr mit dem Drachen gemacht? Aufs Dach gebunden?"

„Nein, Drachen und Gepäck kamen gestern abend spät mit dem Hotellastwagen vom Flugplatz. Leider bestätigte sich auch da mein Verdacht: Das Gurtzeug – ein spezieller Sicherheitssitz – war nicht dabei. Ich hatte es in München vergessen!"

„Und jetzt? Fällt der Flug ins Wasser, oder kannst du auch ohne Sitz fliegen?"

„Der Flug fällt ins Wasser ... wie man das so sagt! Ohne Sitz oder Gurtzeug kann man nicht fliegen. Aber Raimund und ich waren heute den ganzen Vormittag im Yachthafen und haben rumgefragt. Schließlich lieh uns jemand einen Bootsmannstuhl. Das ist ein zum Heißen eingerichtetes Sitzbrett, fürs Arbeiten an der Takelage. Ich habe zwei Sicherheitsgurte daran befestigt. Leider konnte ich keine anderen finden als solche, die nur mit einer schrecklichen Fummelei zu schließen und zu öffnen sind. Aber es geht. Der Sitz ist sicher, und ich kann nicht rausfallen. Ich hätte lieber meinen Gurt, aber früher sind wir ja auch alle mit Sitzbrettchen geflogen.

Übrigens, Morayma, du hast einige Erfahrung als Beobachter im Wasserskiboot. Ich wäre dir dankbar, wenn du morgen beim Training und übermorgen, am Ostersonntag, wenn es ernst wird, im Boot mit dabei sein könntest. Du weißt, beim Wasserskifahren ist ein großer Teil des Erfolges vom Bootsfahrer und vom Beobachter abhängig. Beim Drachenschlepp gilt dies noch viel mehr. Da hängt das Leben des Piloten an der Leine. Wenn der Fahrer einen Fehler macht, kann das böse enden."
„Ich komme gerne, Mike. Wann und wo?"
„Wir haben uns auf zehn Uhr, nach dem Frühstück, hier im Hotel verabredet. Wir bauen den Drachen auf und machen ein paar Trainingsflüge vor der Grand Anse Beach. Zuerst nur ein paar Meter über dem Wasser und dann, wenn alles klappt, auf voller Höhe, die das 175-Meter-Schleppseil hergibt!"
„Wie hoch wird das sein?"
„Etwa 120 bis 150 Meter."
„Kann denn nicht die ganze Seillänge in Höhe umgesetzt werden?"
„Doch, Morayma, wenn das Boot zu schnell fährt, schießt der Drachen am gestreckten Seil bis senkrecht über das Boot hoch. Da sich das Seil noch etwas dehnt, sind mit einem 175-Meter-Seil fast 200 Meter drin. Das ist allerdings sehr gefährlich, weil in so einer Situation der Drachen brechen könnte.
Also heißt das für dich im Boot: Sobald ich über einen gewissen Winkel, etwa 60 Grad, hochgestiegen bin, darf der Bootsführer nicht mehr schneller werden, muß vielleicht sogar das Tempo drosseln.
Das zweite, was du wissen mußt, sind die Zeichen. Wie beim Wasserski nicke ich mit dem Kopf, wenn ich startbereit bin. In der Luft kannst du aber meinen Daumen nicht sehen. Also mache ich Beinsignale: Treten wie auf dem Fahrrad heißt schneller. Beine zusam-

men bedeutet okay, Tempo stimmt. Beine weit gegrätscht: langsamer. Und das dritte, was du unbedingt überwachen mußt: Der Fahrer darf auf keinen Fall plötzlich Vollgas geben oder abbremsen. Er soll äußerst behutsam mit dem Gashebel umgehen!"
„Gut Mike! Ich glaub' ich hab's verstanden. Ich freu' mich wahnsinnig. Es ist wie früher auf dem Eibsee. Nur weniger kalt, dafür spannender!"
„Morayma, wie wäre es, wenn du den jungen Mann morgen abend zum Essen einladen würdest? Virginia wird sicher etwas Gutes kochen."
„Oh ja, Tante Erika. Mike, du mußt unbedingt bei uns oben zu Abend essen. Virginia und der Green Flash ..."
„Wer ist Virginia?" fragte Mike.
„Unser liebes Hausmädchen. Eine richtig süße Schwarze, mit *so* einem Po und *so* einem Gegengewicht vorne. Sie ist immer fröhlich und kocht hervorragend."
„Und der Green Flash, der grüne Blitz? Ist das ein Drink?"
Morayma mußte lachen: „Nein, Mike, der grüne Blitz ist ein ganz spezieller Sonnenuntergang. Viele halten es für ein Touristenmärchen, aber es gibt ihn tatsächlich. An einem ganz klaren Tag, wenn die Luft rein ist und wenig Feuchtigkeit hat, wird die Sonne nicht rot, wenn sie untergeht, sondern bleibt fast gelb, während sie am Horizont zwischen Himmel und Meer versinkt. Und in dem kurzen Moment, in dem das letzte Eckchen der Scheibe ins Wasser fällt, siehst du einen grünen Blitz. Vielleicht ist es eine optische Täuschung, weil das Auge geblendet ist, vielleicht vermischt sich das Gelb der Sonne mit dem Blau des Meeres. Ich weiß es nicht. Auf jeden Fall ist es ein außergewöhnliches Naturereignis."
„Dürfen wir Sie morgen abend erwarten? Vor dem Sonnenuntergang?" Moraymas Tante war aufgestanden. Mike hatte sich ebenfalls erhoben:

„Sehr gerne, Frau Seifert. Kann ich etwas mitbringen?"
„Nein, danke, das wird nicht nötig sein. Kommen Sie einfach nach dem Training mit Morayma in unser Haus, und möglichst in einem Stück. Bei diesen gefährlichen Sachen, die Sie machen ..."
„Tante!!"
„Ist schon gut, Kind. Herr Harker weiß sicher, was er tut ..."

11

Ostersamstag, 9. April 1977, kurz nach acht Uhr in der Hotelhalle des Spice Island. Harmstorf, im gepflegten, hellen Leinenanzug, ging unruhig hin und her, wie ein Tiger im Käfig. Seit einer halben Stunde wartete er auf seinen Freund. Doch Mike war wie vom Erdboden verschwunden. Wertvolle Minuten verstrichen, ohne daß Raimund etwas tun konnte. Der Plan war geändert worden, und die Zeit wurde knapp. Der PR-Manager der Insel und Honorarkonsul in deutschen Landen hatte während des Frühstücks aufgeregt angerufen: „Die Flug-Show muß heute morgen stattfinden. Der Ministerpräsident will um zehn Uhr seine Rede halten!" Das Volk strömte jetzt schon zur Carrenage, dem Hafen von Saint George's: Alle wollten sie die Worte von Vater Gairy hören und viel mehr noch den Vogelmenschen sehen, der vom anderen Ende des Meeres gekommen war.
„Grüß dich, Raimund, gut geschlafen?"
„Mike?! Wo warst du? Ich habe dich gesucht. Wir müssen uns sofort startklar machen. Deine Show findet heute statt, um zehn Uhr! Schaffst du das? Auch ohne Probeflug? Gibt es keine Probleme?"
„Raimund, eins nach dem anderen: Ich war joggen, mußte mir die Müdigkeit aus dem Leib strampeln, die Zeitverschiebung! Und das nächste: Ja, wir können um zehn Uhr fliegen. Ja, es geht auch ohne Probeflug. Und nein, es wird keine Probleme geben, wir haben gerade noch Zeit, alles vorzubereiten. Nur eine Frage, warum

jetzt plötzlich diese Eile, wo doch alles für morgen geplant war?"
„Ich weiß es auch nicht. Der kleine Blonde hat um halb acht angerufen, die Chose läuft heute! Ein Schleppboot ist unterwegs, sollte bald hier am Strand vor dem Hotel aufkreuzen."
Mike bestellte sich einen Orangensaft und überlegte, was zu tun sei. Dann machte er sich an die Arbeit. Eine knappe Stunde später war alles bereit, der Drachen aufgebaut. Mister Mostem – er betrieb an der Grand Anse Beach eine Surf- und Tauchschule – hatte mit viel Sachverständnis mitgeholfen, die Schwimmer am Drachen zu befestigen. Mike kontrollierte noch einmal alle Schraubverbindungen und die Sicherungsnadeln, probierte seinen Bootsmannstuhl und prüfte die Seilklinke am Steuerbügel. Die verstärkten Quer- und Seitenrohre waren in einwandfreiem Zustand, ebenso die deltaförmige Tragfläche. – Das gelb-rot-grüne Segel war wunschgemäß in den Farben Grenadas in der Segelmacherei von Fritz und Ebi gefertigt worden. – Alles war okay, auch das 175-Meter-Seil. Es konnte losgehen. Fehlten nur noch ein schöner Seewind direkt auf den Strand – und das Boot.
„Olà, Chico!"
Ein braungebrannter Sunnyboy winkte von einem schneeweißen Off-shore-Renner herüber. Ein zweiter Mann stand neben ihm.
„Touristik-Minister Paul Slinger persönlich", erklärte Harmstorf. „Das Boot ist die ‚Nick-Nock', gehört dem Venezolaner am Steuer."
„Raimund, das Boot ist ein Problem. Mit seinen zwei V8-Motoren gefährlich stark und trotzdem viel zu schwerfällig. Ich brauche Tempo, gleich von Anfang an. Bis dieser Schlitten aus dem Wasser kommt, dauert es ewig. Und wenn er dann gleitet, kann er schlagartig viel

zu schnell sein. Kannst du denn nicht das Boot führen?"
„Nein, Domingo gibt es niemals aus der Hand!"
„Verstehe. Aber achte bitte darauf, daß er – sobald ich in der Luft bin – mit seinen zwei 300-PS-Hebeln nur sanft umgeht und niemals über 60 km/h fährt, auch wenn wir Rückenwind haben!"
„Gut, Ich denke, das ist klar. Ich gehe jetzt an Bord."
„Raimund!"
„Ja, Mike?"
„Jetzt hast du alles in deiner Hand!"
Mike lachte. Aber Raimund schrak zusammen. „Wieso ich? Ich bin doch noch nie geflogen! Ich weiß gar nicht, was da jetzt auf mich zukommt!"
„Doch: Oben am Drachen ist eine Ausklinkvorrichtung und am Seilende beim Boot ebenfalls eine. Achte einfach auf meine Signale mit den Beinen."
Harmstorf zog die Hosenbeine bis zu den Oberschenkeln hoch, nahm das Ende des Schleppseils über die Schulter und watete durch das Wasser zum blubbernden Boot. Wie leichthin Mike das gesagt hatte: „Du hast alles in der Hand!" Die Klinke war mit einem einfachen Karabinerhaken schnell am Wasserskimast befestigt. Mike hatte sich unterdessen mit dem Drachen schräg zum Strand aufgestellt und rief zum Boot rüber: „Wir haben Seitenwind. Parallel zum Strand anfahren! Erst abdrehen, wenn ich in der Luft bin!"
Der erste Startversuch mißlang kläglich: Der Seitenwind war stärker als erwartet und die „Nick-Nock" im ersten Moment langsamer als geplant. Der Drachen kam nie richtig zum Fliegen, hob nur kurz ab und schmierte seitlich weg. Mike klinkte aus und watete zurück zum Strand, den Drachen auf den Schwimmern hinter sich herziehend. Das Boot drehte eine schnelle Runde und kam zum Ausgangspunkt zurück. Mister Mostem hatte einen kleinen Jungen geschickt, der das Seilende aus

dem Wasser fischte und es zu Mike hinüberbrachte. Inzwischen hatten sich viele Menschen am Strand versammelt. Der freie Teil der Grand Anse Beach war aber nur fünf bis zehn Meter breit, bevor der Palmenhain begann. Mike mußte höllisch aufpassen, beim Start niemanden zu streifen.
Auch der zweite Versuch ging daneben: Um nicht in die Zuschauer zu fallen, startete Mike mit vollem Seitenwind schräg vom Strand weg. Knapp kam er über die Leute weg, machte etwas Höhe, war zu langsam und schmierte wieder seitlich ab.
„Mike, komm, laß es!" Das sah nicht gut aus, Raimund war echt besorgt. Aber Mike schien plötzlich ganz verbissen zu sein:
„Nein, die warten. Wir müssen. Das ist ein Auftrag!"
Durch die beiden Fehlstarts hatten sie eine halbe Stunde Zeit verloren. Das Timing paßte nicht mehr, der Leistungsdruck wuchs.
„Mensch, machen wir's morgen, wenn alles stimmt!"
Doch Mike wollte die Entscheidung, den „Auftrag" hinter sich bringen.
„Beim drittenmal klappt's!"
Wieder hatte er sich mit seinem Bootsmannstuhl eingehängt und das nasse, sandverschmutzte Seil mit Würgen in der Auslösevorrichtung eingeklinkt. Mister Mostem hatte inzwischen die vielen Leute zurückgedrängt, genügend freie Startfläche geschaffen.
„Jetzt!" Mike nickte mit dem Kopf. Der Venezolaner gab Gas. Die Seilschlaufe wurde kleiner und kleiner, das Seil war schlagartig straff, und, wie von einer Harpune gezogen, lief Mike schräg über den Sandstrand. Beide Segelhälften füllten sich prall, begannen den Piloten zu tragen. Mike hob ab, streifte mit den Füßen noch einmal die Wasseroberfläche, korrigierte eine Böe und stieg steil nach oben. Es sah so aus, als ob es für ihn die größte

Selbstverständlichkeit gewesen sei, hier, unter diesen erschwerten Bedingungen, in die Luft zu kommen. Schnell gewann er an Höhe.

Sie freute sich so auf das Ereignis, daß sie kaum frühstücken konnte. Morayma spürte, der Tag würde unvergeßlich werden. Virginia hatte versprochen, etwas typisch Grenadinisches zu kochen, mit viel Gemüse. Dann hatte sie die große Tasche genommen und war verschwunden. Sie hatte ihre Beziehungen und würde auch an einem Ostersamstag einkaufen können.
Morayma zog ein einfaches Kleid über ihren Bikini, nahm die Badetasche und verließ beizeiten das Haus ihres Onkels. Sie wollte Mike keine Minute warten lassen, auch wenn der Fußweg zum Spice Island eine gute halbe Stunde dauerte.
Schön, stellte sie fest, die Luft war so klar wie selten. Vielleicht sahen sie heute abend den grünen Blitz. Es wäre schön, wenn auch Mike das Naturereignis einmal erleben könnte. Sie war gerade auf dem Wegstück angekommen, das unterhalb des Golfplatzes steil in Richtung Strand abfiel, als sie wie angewurzelt stehenblieb.
„Nein, das kann doch nicht sein?!" Hoch über den Palmen schwebte ein gelb-rot-grünes Segel. Ein Mensch hing darunter. „Mike, warum hast du mit deinem Flugtraining nicht warten können? – Oh, diese Männer!" Enttäuscht und traurig ging sie weiter. Im Spice Island sagte man ihr, daß Mike unterwegs sei in die Carrenage. Der Honorarkonsul hätte gewünscht, daß die Flugvorführung schon heute stattfinde. Immer noch enttäuscht, aber nicht mehr traurig, streifte Morayma ihr Kleid über den Kopf und sprang ins warme Wasser.

Mike jauchzte. Er schrie vor Freude: „Der Start hat funktioniert!" Die Anspannung der letzten zwei Tage war weg, auf Meereshöhe zurückgelassen. Er fühlte sich happy wie noch nie. Die Freiheit des freien Fliegens durchströmte Körper und Seele mit einer seltenen Wärme. Er genoß diesen Flug mit vollen Zügen, flog Kurven, spielte mit dem lauen Wind. Es war wie beim Wasserskifahren, nur viel schöner.
Trotz allem vergaß er dabei nicht die Tatsache, daß er über ein Schleppseil mit der Realität verbunden war. „Schleppseil? Schleppseil!! Mein Gott", durchzuckte es Mike, „ich habe keine Sollbruchstelle eingebaut! Okay, so ist es. Ich kann es nicht mehr ändern. Aber ein Fehler allein hat noch nie ein Unglück gebracht. Ich werde jetzt doppelt aufpassen müssen!"
„Toll, der Junge!" Minister Slinger war ganz begeistert. Er hatte schon vom Drachenfliegen gehört, auch mal ein Foto gesehen, aber so hautnah hatte er es noch nie erlebt.
Mike flog mit geschlossenen Beinen – Tempo okay! – zwischen hundert und hundertzwanzig Metern Höhe. Von seiner fliegenden Aussichtsplattform konnte er über die halbe Insel sehen. Und im Vordergrund, in der klaren Luft zum Greifen nah, erkannte er den großen natürlichen Hafen, der sich wie eine Spirale ins Land hineindrehte, geschützt durch die enge Einfahrt mit den hohen Felsen: Monkey's Ass – der Affenarsch! Und plötzlich verstand Mike, wo die Gefahr lauerte: Der Wind kam schräg über die Insel und wurde bei diesen Felsen noch einmal kräftig verwirbelt. Kein Problem: Er war hoch genug, weit über dem störenden Hindernis. Hier würden die Turbulenzen kein Faktor mehr sein. Er durfte nur nicht zu tief kommen: Gefahr erkannt – Gefahr gebannt!
Ein Schuß hallte. Vom großen Boot mit der Ehrentri-

büne, das am Kai von Saint George's vor Anker lag, sah Mike eine kleine Rauchwolke aufsteigen: Eine Regatta wurde gestartet. Das konnte knapp werden: Die „Nick-Nock" mit ihm im Schlepp durch die enge Hafeneinfahrt rein, während die Segelboote alle raus wollten! Er wußte, er hatte nur zwei Möglichkeiten: Entweder jetzt klinken und beim letzten Stück der Grand Anse Beach landen, oder weitermachen. Er mußte schnell entscheiden, denn wenn sie einmal bei der Einfahrt zur Carrenage angelangt waren, gab es kein Zurück mehr: Nördlich lag das Fort George, und zur Rechten ragten die Felsen aus dem Wasser: keine Möglichkeit zu landen. Es muß gehen, dachte er sich, ich kann diese Menschen nicht enttäuschen.
Die „Nick-Nock" näherte sich ein paar Minuten später mit etwa vierzig Kilometern pro Stunde der Hafeneinfahrt. Mike war über den Felsen: keine Turbulenzprobleme. Doch plötzlich kam ihnen die Armada der vielen Regattaschiffe entgegen. Der Venezolaner nahm das Gas zurück. Augenblicklich begann Mike Höhe zu verlieren, sank in bedrohliche Nähe der Felsen. Es wurde turbulent. Nur mit Mühe konnte er den Drachen halten. Bald würde er die Wasseroberfläche erreichen. Wie wild machte er das Zeichen, strampelte mit den Beinen: schneller!
Raimund gab das Kommando sofort an den Venezolaner weiter, der konzentriert einen Weg zwischen den Segelbooten suchte und dabei die Köpfe der vielen Kinder im Wasser im Auge behalten mußte, die weiter vorne bei einem Schwimmwettbewerb ihr Bestes gaben. Da geschah der kleine Fehler – der eine kleine Fehler, der die Katastrophe auslöste:
Der Venezolaner verstand nicht „faster – schneller!", sondern „fast – schnell!". Und er gab Vollgas. Augenblicklich straffte sich die 175-Meter-Leine, schnallte wie

ein Peitschenschlag zu Mike, riß ihm den Steuerbügel aus den Händen. Die sechshundert Pferdestärken entfalteten jetzt ihre volle Kraft, das Boot, nur noch zu einem kleinen Teil im Wasser, schoß ungebremst davon und der Drachen steil in den Himmel.
Verzweifelt versuchte Mike, an den Steuerbügel ranzukommen. Er hatte die rettende Klinke vor seinen Augen, doch er schaffte es nicht, sie zu fassen. Der Drachen stieg fast senkrecht nach oben. Wehrlos, hilflos pendelte er hinten nach. Da erwachte sein ganzer Lebenswille. Er mobilisierte die letzten Kräfte, versuchte, sich am drei Millimeter dicken Stahlseil der Unterverspannung verzweifelt nach oben zu hangeln: Er mußte an die Klinke kommen!
In diesem Augenblick hatte der Drachen am total gespannten Seil den höchsten Punkt erreicht – zweihundert Meter senkrecht über dem Boot. Den Gesetzen der Natur gehorchend, wollte er weitersteigen, die „Nick-Nock" aus dem Wasser ziehen. Für einen kurzen Moment kämpfte der Drachen gegen das Gewicht des Bootes an. Chancenlos! Die Struktur des Flügels war dieser Belastung nicht gewachsen.
Raimund hatte die Gefahr erkannt. „Stop, stop!" schrie er dem Venezolaner zu. Doch es war zu spät. Ein paar wenige Sekunden zu spät zum Klinken, zu spät, um das Boot abzubremsen:
Mit einem lauten Knall barst der Drachen, klappte zusammen wie ein Schmetterling, und die ganze Energie des an die Grenze gedehnten Seils riß die Fetzen mit brutaler Kraft in die Tiefe.
Die Zuschauer waren begeistert. Ein Kunststück! Sowas hatten sie noch nie gesehen: Klappte der Vogelmensch einfach die Flügel zusammen und tauchte in rasender Fahrt aufs Wasser zu – ein toller Sturzflug!
Mike wußte, was ihn in der nächsten Sekunde erwartete:

ein Aufprall wie auf Beton. Er rollte sich zusammen – und dann war es dunkel.
Mit zerschmettertem Körper sank er langsam in die Karibische See. Und das Publikum applaudierte begeistert: Was für eine Show!
Es hatte nichts begriffen. Weder daß es Zeuge eines tragischen Unfalls war, noch daß der gefeierte Drachenflieger bald tot sein würde.

Vater Harker ist mehrfacher Weltrekordfahrer, Mutter American Champion, als Sohn Mike am 29. November 1948 ein Jahr alt wird

CURLY   MIKE   KELLY   CASEY   PATT

Die sportlichste Familie der USA

In Mikes Leben reiht sich früh ein Sieg zum anderen. Doch der schönste Titel ist Teamwork:

Mike hat gelernt, das Beste aus jeder Situation zu machen:

Die militärische Ausbildung nimmt er als sportliche Herausforderung, strengt sich an, kann dadurch eine Versetzung nach Vietnam vermeiden und kommt als Anerkennung nach Deutschland

Sergeant Harker gibt Skiunterricht auf der Zugspitze, während 95 % seiner Kameraden in Vietnam kämpfen

Mikes Kreativität zeigt sich in seinem Drachenflugfilm Ikarus, der bei internationalen Filmfestspielen dreimal Gold gewinnt

17jährig gewinnt Mike den Grand National, das härteste Wasserskirennen der Welt: 110 km im offenen Pazifik vor Los Angeles –

11. 4. 74: Mikes Flug
von der Zugspitze
macht Schlagzeilen.

Mit Fernauslöser über dem Schloß Neuschwanstein fotografiert. Das Poster wird zum Bestseller

Ein sportliches Ziel, ein Abenteuer und ein Geschäft in einem einzigen Flug vereint: 28. 7. 74: ganz Japan sitzt gebannt vor den Fernsehgeräten, verfolgt Mikes Pionierflug vom heiligen Berg Fudschijama

12

Jeder Bootsführer von Grenada kennt das Hindernis: Ein mächtiger Felsen, der in der Hafeneinfahrt aus dem Wasser ragt. Wer dort vorbei muß, zieht einen weiten Bogen um die scharfen Kanten, die sein Schiff aufzuschlitzen drohen.

Raimund Harmstorf schloß seine Augen. Er wollte nicht mitansehen, wie sein Freund auf den Felsen prallte. Doch er hörte nur ein Platschen, spritzendes Wasser: Der auseinandergerissene Drachen war samt seinem hilflosen Piloten drei Meter neben dem gefährlichen Felsbrocken ins Wasser gefallen.

Harmstorf zögerte nicht lange. Ohne seinen Anzug auszuziehen, hechtete er ins Meer und erreichte kraulend die Unglücksstelle, bevor das schwerfällige Boot auch nur hatte wenden können. Trotz seiner schnellen Reaktion war jedoch viel kostbare Zeit vergangen: fast zwei Minuten. Jetzt zählten die Sekunden, wenn Raimund seinen Freund noch lebend aus der Tiefe retten wollte. Er holte tief Luft und tauchte hinab neben den Schwimmern und den Segelfetzen.

Ein paar Meter tiefer sah er Mike, am Ende eines undefinierbaren Gewirrs von Kabeln, Röhren und Seilstücken. Bewußtlos hing er in seinem Bootsmannstuhl, ein Gefangener seiner Sicherheitsgurte.

Raimund wollte ihn vom Sitz lösen, hatte aber keine Chance. Die Schnallen, die Oberschenkel und Brustkorb am Gurtzeug festhielten, waren nicht aufzukriegen. Und die Sekunden verrannen erbarmungslos – die

Zeit wurde knapp: Mike mußte sofort an die Wasseroberfläche, brauchte dringend Luft, wenn er nicht ertrinken sollte.
Harmstorf war ein durchtrainierter Athlet. Trotzdem schaffte er es nur mit letzter, unsäglicher Anstrengung, Mike samt Röhren, Stahlseilen und Gurten raufzuholen. Es gelang ihm, den Kopf seines Freundes über der Wasseroberfläche zu halten, obwohl die Wrackteile den regungslosen Körper wie Blei in die Tiefe zu ziehen drohten.
„Kommt her, helft mir!" keuchte er.
Doch der Venezolaner hielt seine „Nick-Nock" auf Distanz: der Felsen, das teure Boot!
Verzweifelt schwamm Raimund, zog seinen Freund zum Boot hin. Dort versuchte er erneut, Mike vom Gurt zu lösen – und mußte einsehen, daß es nicht ging.
„Ein Messer! Schnell, ein Messer!"
Auf jeder Segelyacht wäre eins in einer Halterung am Mast befestigt gewesen; ein gutes, scharfes Messer, mit dem man die Tampen kappen konnte. Aber auf einem 600-PS-Partyschlitten fanden sich eher goldgetrimmte Kristallgläser als anständiges Handwerkszeug. Schließlich entdeckte man im Fischkasten ein Taschenmesser. Slinger reichte es Harmstorf über die Bordwand. Mühsam befreite er den Bewußtlosen vom Bootsmannstuhl. Mike mußte alle Knochen gebrochen haben. Höchste Vorsicht war geboten, wenn man ihn jetzt ins Boot zog. Jede falsche Bewegung konnte ihm irreparable Schäden zufügen.
An Bord beugte sich Raimund über ihn, machte Mund-zu-Mund-Beatmung. Wasser kam aus Nase und Mund. Ein schwaches Stöhnen war zu hören: Gott sei Dank, Mike lebte!
Die „Nick-Nock" raste ans Ufer. Aber niemand kam, um zu helfen. Noch immer glaubten die Zuschauer, daß

das wohl alles zur Show gehöre. Harmstorf verzweifelte fast. Kein Telefon, kein Krankenwagen, nichts. Dann sah er einen Lastwagen, nicht weit vom Landeplatz entfernt. Ohne zu fragen nahm er eine Decke von der „Nick-Nock", breitete sie auf dem glühend heißen Blech der Ladefläche aus, holte Mike vom Boot und legte ihn drauf.
Der Lastwagenfahrer schimpfte – „das geht nicht, nein, ich kann nicht!" – bis Harmstorf der Kragen platzte. In voller Größe stellte er sich mit seinem nassen Anzug ganz nah an den Eingeborenen, holte tief Luft und brüllte auf ihn runter:
„Ins Krankenhaus! Jetzt!"
Widerrede wäre zwecklos gewesen. Der Mann fügte sich. Harmstorf kletterte hinten auf die Ladefläche und bemerkte noch, daß die „Nick-Nock" verschwunden war, dann fuhren sie los.
Die Straße schien nur aus Löchern zu bestehen und der Wagen keine Federung zu haben. Bei jeder Unebenheit stöhnte Mike, manchmal schrie er. Harmstorf fühlte sich elend und schrecklich verantwortlich, denn die letzten Worte, die er von seinem Freund zu hören bekommen hatte, brannten wie Feuer in seiner Brust: „Und jetzt hast du alles in deinen Händen!" Warum hatte das Mike bloß gesagt? Warum hatte er nicht geklinkt? Warum? Warum???
Im Grenada Hospital angekommen, sprang Harmstorf vom Lastwagen und eilte ins Gebäude. Kein Mensch war zu finden. Leer! Die waren alle beim Fest – offensichtlich auch die Kranken! Harmstorf spurtete weiter, öffnete eine Tür nach der anderen. Irgendwo mußte doch jemand sein.
„Operationssaal" stand auf einem Schild. Harmstorf riß die angelehnte Tür auf – und blieb wie vom Blitz getroffen stehen. Was er sah, verschlug ihm, dem Sohn eines

Professors der Chirurgie, die Sprache:
Im fensterlosen Raum, nur erhellt durch scheibenlose Mauerlücken, stand ein Mann. Ein älterer, hagerer Engländer, bekleidet mit einer weißen Schürze. Sie war blutverschmiert wie die eines Metzgers am städtischen Schlachthof. In der rechten Hand hielt der Mann einen Fuchsschwanz, in der linken das Bein eines Schwarzen, der, im Morphiumrausch auf einem primitiven Operationstisch liegend, vor sich hinlallte. Und der Engländer sägte ihm das Bein ab: ritsch-ratsch.
„Wir haben da draußen einen Notfall. Ein Unfall. Er braucht sofort Hilfe!"
Ritsch-ratsch.
„Ein wichtiger Mann. Ein Gast der Regierung!"
Ritsch-ratsch.
Der Engländer schaute auf und sagte: „Ja, da müssen wir erst einmal röntgen. Aber die Röntgenärztin ist nicht im Haus!"
Ritsch-ratsch.
„Bringen Sie Ihren Mann mal rein. Gleich neben dem Eingang ist ein Zimmer mit einem Notbett."
Ritsch-ratsch. Das Bein fiel zu Boden. Der Engländer ließ es liegen.
„Warten Sie dort", sagte er. „Ich komme, sobald es geht."

13

Morayma stieg aus dem Wasser und schüttelte ihr kräftiges Haar. Die Tropfen spritzten nach allen Seiten, glitzerten in der Sonne. Das Meer war hier so sauber, wie es vor dem Erdöl-Zeitalter auf der ganzen Welt einmal gewesen sein mußte.
Zum zweitenmal war die 24jährige Lufthansa-Stewardeß heute morgen schwimmen gewesen. Nachdem sie ihre Enttäuschung über Mikes frühen Start halbwegs von der Seele gekrault hatte, joggte sie ihre gewohnte Fünf-Kilometer-Strecke entlang der Küste. Sie lief dabei so schnell, daß sich auch der letzte Anflug von Bitterkeit verflüchtigte. Wichtig war jetzt nur eins: Sie mußte vorwärtsschauen, sich auf den Abend mit Mike freuen und nicht traurig sein für das, was nicht war.
Morayma hängte sich ihre Badetasche über die Schulter und ging in die Hotelhalle. Sie wollte etwas zum Lesen kaufen, einen Punch bestellen und im kühlen Schatten der Bar auf Mike warten. Aber irgend etwas stimmte nicht. Komisch, dachte sie, als sie das Personal betrachtete: Was die wohl haben? Der tänzelnde Schritt, der Rhythmus der Antillen, er schien irgendwie verkrampft.
„Ist was?" fragte sie den Boy, der sich nach ihren Wünschen erkundigte.
„Yes, Miß Morayma: Der Vogelmensch ist abgestürzt!" erklärte er.
„Abgestürzt? Oh nein!" Ihre Knie wurden ganz weich und zittrig. Sie mußte sich an einer Stuhllehne festhalten.

„Wo ist Mike Harker jetzt?" fragte sie leise und setzte sich.
„Man sagt, er sei im Grenada Hospital."
„Hospital ... Bitte ruf mir ein Taxi."
Der Boy verschwand. Es schien eine Ewigkeit zu dauern, bis er zurückkam und sie zum Eingang begleitete. Ein klappriger, alter Wagen stand vor dem Hotel. Morayma bedankte sich und stieg ein.
Im Grenada Hospital waren inzwischen zwei Krankenschwestern zum Dienst erschienen. Sie verabreichten Mike auf Anweisung des Engländers eine Spritze Morphium. Er war wieder zu sich gekommen und schien unter unerträglichen Schmerzen zu leiden.
Das Taxi hielt vor dem Krankenhaus. Morayma zahlte das Fahrgeld und stürzte hinein, direkt in die Arme von Harmstorf. Im feuchten, zerknitterten Anzug stand er in der kleinen Eingangshalle und vertrieb ein paar neugierige Leute. Er war sichtlich gereizt. Vor bald vier Stunden hatte er Mike hierher gebracht, und noch immer wartete man auf die Röntgenärztin.
Als Morayma von der einen Krankenschwester zu Mike geführt wurde, wollte sie nicht glauben, was sie sah: ein Zimmer ohne Fenster. Für Licht und Luft sorgten Löcher in der Ziegelsteinmauer im oberen Teil der Außenwand. In den einzelnen Öffnungen saßen Papageien wie Tauben in den Nischen des Mailänder Doms. Mitten im Raum stand ein eisernes Bettgestell mit einer Matratze undefinierbarer Farbe. Mike lag auf einem gelblichen Leinentuch, notdürftig zugedeckt. Regungslos starrte er an die Decke. Seine Augen waren glasig. Der Atem ging schwer und unregelmäßig. Morayma nahm seine Hand:
„Mike? Mike, wie geht es dir, wie ist das passiert?"
„Mein Drachen ... wie ein Klappmesser zusammen ... bin runtergefallen!"

Sie streichelte seine Hand. Dann sah sie den goldenen Ikarus, der an einer Kette um seinen Hals hing.
„Soll ich dir deinen Talisman abnehmen und dir wiedergeben, wenn du wieder gesund bist?"
„Ja ... nimm ..."
Morayma war erleichtert. Es schien nicht so schlimm zu sein, wie sie befürchtet hatte. Mike sah gar nicht so schrecklich aus. Doch leider täuschte sie sich. Sie wußte nicht, daß sein Zustand äußerst kritisch war, daß er so schnell wie möglich operiert werden mußte. Sie konnte nicht ahnen, daß er mit etwa 150 Kilometer pro Stunde auf die Wasseroberfläche geprallt war und nur durch ein unerklärliches Wunder überlebt hatte und dabei nicht völlig entstellt worden war.
Morayma nahm den kleinen Ikarus samt Halskette behutsam ab und umfaßte ihn mit ihrer Hand. Vielleicht konnte sie ein bißchen ihrer Lebensenergie auf Mike übertragen, der so hilflos dalag.
Harmstorf kam ins Zimmer, in seinem Schlepptau eine Frau unbestimmbaren Alters: „Endlich!" Man hatte die Röntgenärztin gefunden. Sie warf einen kurzen Blick auf den Verunglückten und bedeutete der jungen Dame, zu gehen. Morayma küßte Mike auf die Wange, verabschiedete sich von Harmstorf und ging nach Hause, den Talisman fest in ihrer Faust eingeschlossen.
Ohne viel fragen zu müssen, machte die Ärztin die Aufnahmen. Sie hatte zugeschaut im Hafen, aber erst jetzt verstanden, was geschehen war. Ihr Befund war fürchterlich: Mikes ganzer Unterleib war zerschmettert, und am Kopf hatte es ihn auch erwischt. Wie schlimm es jedoch in seiner Bauchhöhle ausschauen würde, konnte sie nicht mit Sicherheit sagen. Ihre technische Einrichtung gestattete keine präzise Aussage, nur Vermutungen, und die ließen wenig Raum für Optimismus.
Der Engländer würde entscheiden müssen, was zu tun

sei. Doch der Mann war hoffnungslos überfordert. Einen Knochenbruch schienen oder ein Bein amputieren, ja, aber sich gleichermaßen um gebrochene Beine, ein mehrfach gebrochenes Becken, Wirbelsäulenfraktur, Schädel- und Kieferbruch zu kümmern, wenn zudem ein begründeter Verdacht auf schwerste innere Verletzungen bestand, das war ihm zuviel. Nachdem er Mike mit einem Katheter die Blase geleert hatte, war er mit seinem medizinischen Fachwissen am Ende. Es schien, als ob er selbst unter Schock stünde.
Harmstorf hatte alles beobachtet und wußte: Mike mußte hier raus, in ein gutes Krankenhaus. Grenada war ein Paradies. Aber krank werden oder einen schweren Unfall haben durfte man hier nicht.
Der Wind blies durch die offene Mauer, trug die Klänge einer Steelband ins Grenada Hospital von Saint George's. Da drinnen lag ein Mensch, dem Tod geweiht, und draußen feierte eine ganze Insel Osterfest: mit viel Musik und noch viel mehr Punch.

14

Völlig übermüdet kam Morayma am Ostermontag ins Grenada Hospital. Wieder hatte sie die halbe Nacht in die Dunkelheit gestarrt und sich pausenlos gefragt, warum das passieren mußte. Gegen Morgen war sie schließlich erschöpft eingeschlafen, den Talisman in ihrer Hand. Nun stand sie zum drittenmal in der Einfahrt zum Krankenhaus. Sie zögerte, einzutreten. Die Befürchtung, daß sich Mikes Zustand weiter verschlechtert hatte, lähmte sie. Es war schrecklich, miterleben zu müssen, wie er von Stunde zu Stunde schwächer wurde.

Am Sonntag gegen Abend war Mike plötzlich aus seinem Delirium aufgewacht und hatte deutlich gesagt: „Ich will wieder drachenfliegen!" Trotz Morphiums schien er klar bei Sinnen zu sein, verlangte immer wieder nach Wasser.
Offenbar litt er unter schrecklichem Durst, durfte aber nichts trinken. Morayma hatte seine spröden Lippen mit Honig eingerieben – ein Hausmittel, das sie von ihrem Großvater kannte. Er war Arzt gewesen, einer von der liebenswürdigen Art, die den Menschen und nicht nur seine Symptome behandeln.
Mike schaute sie dankbar an und flüsterte mit schwacher Stimme: „Nie mehr ... nie mehr an einem Seil ... war total bescheuert ... ein Bootsfahrer ohne Schlepperfahrung!"
Für längere Zeit lag er schweigend da, starrte an die

Decke, dann sagte er: „Ich will wieder fliegen! Ich will fliegen!"
Er hatte dies mit so viel Energie ausgesprochen, daß Morayma für einen Moment dachte, alles war nur ein böser Traum, Mike stehe gleich auf und gehe aus der Tür. Doch kurz danach verschleierten sich seine Augen. Wieder versank er im Nebel und stöhnte manchmal dermaßen, daß es ihr kalt den Rücken runterlief.
Raimund versuchte währenddessen immer noch, Hilfe zu finden. Mike mußte dringend operiert werden. Harmstorf war sicher, daß sein Freund schwerste innere Verletzungen hatte. Ein qualifiziertes Chirurgen-Team mußte her – oder noch besser, ein Hubschrauber, um Mike ins Queen Elizabeth Hospital nach Barbados zu fliegen. Dort sei man für solche Fälle gerüstet, hatte man ihm erklärt. Dort könnte Mike geholfen werden, bevor sein Unterleib unheilbar infiziert, sein ganzes Blut vergiftet war.
Doch auf Grenada gab es keinen Hubschrauber. Und auch auf Barbados war keiner aufzutreiben. Auf Saint Lucia gab es keinen Hubschrauber. Auf Saint Vincent gab es keinen Hubschrauber. Es war zum Verzweifeln. Und mit jeder Stunde, die verstrich, verschlimmerte sich Mikes Zustand. Er wurde intravenös ernährt, mehr konnten sie hier nicht tun.
Morayma hatte sich schon überlegt, ob man das Wasserbett einer Bekannten auf die Ladefläche eines Lastwagens legen könnte, um Mike über die Paßstraße zum Pearls-Flugplatz zu bringen. Doch auch das würde er nicht überleben, da war man sich einig. Und mit einem Boot ging es auch nicht. Völlig niedergeschlagen und unglücklich, nicht helfen zu können, war sie gestern nach Hause gegangen.

✻

„Kommen Sie bitte, Miß Morayma." Die Krankenschwester führte sie in Mikes Zimmer. Raimund stand am Bett, schaute auf seinen bewußtlosen Freund. Als die Krankenschwester den Raum verlassen hatte, sagte er leise:
„Wir können nicht mehr warten. Mike stirbt uns sonst unter den Händen weg. Ich bin sicher, daß die uns was verschweigen. Wahrscheinlich wissen sie, wie schlimm seine inneren Verletzungen sind, wollen es aber nicht sagen, sonst würden sie zugeben, daß sie operieren müssen und es nicht können.
Ich habe gestern abend im Hotel einen Urologen kennengelernt. Er versprach zu helfen. Nun rückt der Engländer die Röntgenaufnahmen nicht raus! Und der kleine Blonde tut auch nichts. Ich habe vernommen, daß er Gairy nur gesagt hat: ‚Ist gar nicht so schlimm!' Wie soll er das wissen? Der Herr Honorarkonsul ist doch bis heute nicht ins Hospital gekommen, um sich selbst ein Bild zu machen."
„Und was können wir jetzt tun? Hier hilft uns niemand!"
„Ich versuche, heute in Martinique oder Guadeloupe einen Hubschrauber aufzutreiben. Und wenn da auch nichts ist, dann halt in Puerto Rico."
„Raimund, das sind an die tausend Kilometer!"
„Ja, aber was sind tausend Kilometer für ein Menschenleben?"
In diesem Augenblick ging die Tür auf, ein paar Menschen kamen herein, Touristen, wie sie im Buche stehen. Es waren die beliebten: ‚Kennen wir alles, haben wir auch bei uns zu Hause!' Aber zu Hause mußte man schließlich was zu erzählen haben. Nun standen sie da und gafften.
„Ist das der Drachenflieger?!" Als Harmstorf nicht gleich antwortete, ging einer näher ran und hob das

weiße Laken, mit dem Mike bis zum Hals zugedeckt war. Die anderen traten neugierig näher, schauten auf den kaputten Körper.
Fassungslos sahen sich Morayma und Raimund an. Dann kam noch einer rein, drängelte sich vor, um etwas zu sehen. Doch bevor er das Laken zu fassen kriegte, hatte ihn Raimund mit beiden Händen an den Schultern gepackt, hochgehoben und ihm mit kaum beherrschter Wut ins Ohr gezischt: „Raus hier!" Dann schubste er alle zusammen in den Korridor.
Kaum hatte Harmstorf die Tür hinter sich zugemacht und sich gesetzt, ging sie wieder auf. Ein Priester kam, machte Anstalten für die Letzte Ölung. Raimund schaute ihn einen Moment an, dann stand er zitternd auf. Er stellte sich zwischen das Bett und den dicken Mann, versuchte freundlich zu bleiben. Trotzdem klangen seine Worte ziemlich drohend:
„Der Mann hier ist nicht tot. Er wird auch nicht sterben!"
Der Priester hatte verstanden, packte wortlos seine Sachen zusammen und verschwand.
Morayma hatte Tränen in den Augen. Sie nahm den Talisman, legte ihn Mike um den Hals und flüsterte:
„Mike, du brauchst jetzt deinen Glücksbringer. Ich muß leider nach Frankfurt zurück. Die Arbeit wartet. Werde wieder gesund, mein lieber Sergeant!"
Sie strich ihm sanft über die Wange und ging leise zur Tür. Raimund Harmstorf folgte ihr.
„Vielleicht kannst du noch etwas erledigen, bevor du gehst. Sende bitte ein Telegramm an Mikes Eltern. Sie wissen noch nichts. Hier ist die Adresse."
Er hatte die Anschrift am Morgen ausfindig machen können. Dann bat er Morayma, Mikes Freunde im Allgäu anzurufen.
„Eventuell können Fritz und Ebi von Deutschland aus

mehr erreichen als wir hier in Grenada. Wahrscheinlich hat Mike eine Versicherung, die helfen kann. Es soll zwar nicht am Geld liegen – notfalls springe ich ein und bezahle den Hubschrauber – wichtig ist jetzt nur, daß Mike hier sofort raus kommt. Hinterlaß mir bitte eine Nachricht im Hotel."
Froh, eine konkrete Aufgabe zu haben, eilte Morayma nach Hause. Dort versuchte sie als erstes den Text für das Telegramm zu schreiben. Es war nicht leicht: Wie sagt man Eltern, die man nicht kennt, daß ihr Sohn einen schweren Unfall hatte? Schließlich griff sie zum Telefon und gab den Text durch. Dann ging sie daran, Mikes Freunde im Allgäu zu finden. Die Leitung war oft überlastet, noch schwieriger war es, jemanden zu erreichen. Bei Manfred Vorderwühlbecke in München – Mike hatte mit ihm den Drachenflugfilm ‚Ikarus' produziert – endlich ein Lichtblick:
„Kein Problem! Egal, was es kostet, wir kriegen das Geld schon zusammen. Mike hat gute Freunde hier!"
Er versprach, sofort mit Fritz und Ebi Kontakt aufzunehmen, wenn möglich die Versicherung herauszufinden. Sie gab ihm die Telefonnummer vom Spice Islands, wo er Raimund erreichen konnte, und dankte ihm herzlich. Dann packte sie ihre Sachen. Am nächsten Tag mußte sie schon früh auf dem Flugplatz sein. Sie schaute aus dem Fenster und sah, wie eben die Sonne im Meer versank.
‚Den grünen Blitz hat er auch nicht gesehen!' schluchzte sie und ließ ihren Tränen freien Lauf.

15

Es war, als wenn sein Leben wie in einer Sanduhr zerrann und niemand die Fähigkeit hatte, das Glas umzudrehen, bevor das letzte Sandkorn gefallen war.

*

„Fritz!" Der Schalterbeamte der Tegelbergbahn kam auf den Parkplatz gelaufen. „Der Mike ist abgestürzt! Ruf bitte sofort deine Mutter an!"
„Wo? Wann? Ist es schlimm?"
Der Mann wußte auch nicht mehr. Fritz Schweiger entschuldigte sich bei seinen Drachenflugschülern. Er bat sie, die Geräte auf den Wagen zu laden, und eilte zum Telefon. Von seiner Mutter erfuhr er die tragische Nachricht. Mike brauche dringend Hilfe, es ginge ihm sehr schlecht. Manfred Vorderwühlbecke habe eben angerufen.
Der Unfall konnte nur auf Grenada passiert sein. Mike hatte noch kurz vor seiner Abreise aus Scuol mit Fritz und Ebi telefoniert und dabei von seinem bevorstehenden Flug erzählt. Ein Rückruf bei Vorderwühlbecke bestätigte die Vermutung. Was man jetzt tun könne.
„Wir müssen Geld auftreiben, damit Mike von Grenada weg in ein gutes Krankenhaus kommt." Ob Fritz eine Ahnung habe, bei welcher Gesellschaft Mike versichert sei. Fritz schrieb sich die Nummer vom Spice Island Hotel auf, telefonierte mit Ebi – man wolle sich sofort im Büro treffen – verabschiedete sich von den Flugschülern und fuhr nach Seeg.

Im Büro fand er seinen Partner, der inzwischen mit Mikes Mutter gesprochen hatte. Patti war verzweifelt und wußte auch nicht mehr als das, was im Telegramm von einer ihr unbekannten Morayma Schad zu lesen war. Mit tränenerstickter Stimme hätte sie gesagt, daß sie und Curly beim besten Willen nicht genug Geld hätten, um ihrem Michael den Hubschrauberflug zu bezahlen.
Bis spät in den Abend hinein versuchten Fritz und Ebi, im Spice Island anzurufen. Erfolglos: Entweder war die Leitung besetzt oder dann so schlecht, daß man kein Wort verstehen konnte. Schließlich entschieden sie, ungeachtet der Zeitdifferenz, es früh am nächsten Morgen wieder zu versuchen, auch wenn sie dabei den Raimund Harmstorf wecken müßten.

Mike Harker lag im Koma. Er spürte nicht, wie ihn ein paar kräftige Hände auf eine Trage hoben. Sah und hörte nichts, als man ihn im Krankenwagen zum Fußballfeld beim Hafen brachte und ihn dort in den bereitstehenden Hubschrauber legte. Der Engländer stieg ebenfalls ein, für Raimund war kein Platz mehr.
Der Pilot fragte, wer den Flug bezahlen würde, und reichte Harmstorf einen vorbereiteten Flugauftrag. Raimund unterschrieb und setzte, ohne mit der Wimper zu zucken, seine eigene Versicherungsnummer der Allgemeinen Münchner Versicherung dazu:
„Kein Problem, Sie kriegen Ihr Geld, die sind solvent!"
Dies stimmte zwar, die Versicherung war solvent, aber ob die Firma Texaco, Besitzer des Hubschraubers, je ihr Geld sehen würde, da war sich Harmstorf nicht so sicher. Als der Longranger abhob, erlebte Raimund zum erstenmal seit dem vergangenen Samstag eine gewisse

Erleichterung. Allerdings zu Unrecht, wie er bald erfahren sollte. Die schlimmsten Probleme hatte Mike nicht in Saint George's zurückgelassen; sie erwarteten ihn erst: zweihundertfünfzig Kilometer nordöstlich von Grenada auf der Insel Barbados.

Dabei schien alles auf eine gute Wende des Schicksals hinzudeuten: Raimund hatte am Osterdienstag, kurz nachdem Morayma abgeflogen war, einen Mitarbeiter von Texaco kennengelernt. Dieser Mann versprach, den Firmen-Hubschrauber von der Niederlassung auf Trinidad zu organisieren, sofern die Bezahlung sichergestellt sei. ‚Klar doch!‘, hatte Harmstorf erklärt, ‚kein Problem!‘

Nun war Mike unterwegs nach Bridgetown ins Queen Elizabeth Hospital. Dort würde man ihn operieren, der Alptraum ein Ende finden.

Sicherheitshalber rief Raimund am Abend im Krankenhaus an, um sich nach Mikes Befinden zu erkundigen, wollte erfahren, ob er schon operiert worden war. Was er zu hören bekam, war ungeheuerlich: Nichts war geschehen! Unmittelbar nach Ankunft des Hubschraubers mußte wohl die Schicht gewechselt haben. Und nun wußte niemand, was mit dem Neuzugang in Bett zwei der Notaufnahme los war. Der Engländer hatte den Fall lediglich an einen Sanitäter übergeben und war mit dem Hubschrauber wieder gestartet. Er hatte den Ambulanzflug offenbar mit einer Sight-seeing-Tour verwechselt.

Der diensthabende Arzt vom Queen's ließ Harmstorf ausrichten, er solle persönlich kommen, um zu erklären, was geschehen sei. Sie wüßten nicht, was tun. Umgehend rief Raimund den amerikanischen Botschafter auf Barbados an. Dieser sagte zu, für den nächsten Morgen einen Attaché ins Queen Elizabeth Hospital zu beordern.

*

Ebi hatte endlich mit Raimund Harmstorf telefonieren können. Die Situation war jetzt um so tragischer, als doch Mike im Krankenhaus auf Barbados lag und seine weitere Behandlung dort allem Anschein nach auf unerwartete Schwierigkeiten gestoßen war. Es war kaum zu glauben, soviel Pech auf einmal.
Raimund bat Ebi, mit dem amerikanischen Botschafter in Rom Kontakt aufzunehmen. Er kenne ihn gut und sei sicher, daß er bei seinem Kollegen in Bridgetown auf die Notwendigkeit hinweisen werde, Mike die bestmögliche Hilfe zu bieten. Ebi versprach, umgehend in Italien anzurufen.

Es war schon der fünfte Tag nach dem Unfall, als Harmstorf im Queen Elizabeth Hospital eintraf. Dort fragte man ihn unverhohlen, ob er crazy – verrückt – sei, den Mann hergeschickt zu haben. Harmstorf war entsetzt und wollte schon seine Meinung deutlich zum Ausdruck bringen, als ein Attaché der amerikanischen Botschaft ins Ärztezimmer trat. Mit seinem Erscheinen erstickte der Disput noch im Keim. Das war gut so. Denn Bridgetown lebte zu dem Zeitpunkt am Rand eines Aufruhrs. Die Aktionen linksgerichteter Befreiungsbewegungen drohten von anderen Karibik-Inseln auch auf Barbados überzugreifen. So wurden alle, die nicht schwarzer oder indianischer Abstammung waren, zum Klassenfeind erklärt. Als Weißer mußte man sehr vorsichtig sein, auch in einem Krankenhaus.
Der Botschaftsangehörige hatte geschickt die Situation in den Griff bekommen, wollte aber nicht glauben, daß der Freund dieses Deutschen Harmstorf ein amerikanischer Staatsbürger sei. Er verlangte einen Beweis. Verständlich, da könne jeder kommen, sich als Amerikaner ausgeben und Hilfeleistung in Anspruch nehmen.

Mikes Paß?! Der lag im kleinen Schließfach im Hotelzimmer des Spice Island. Diese Verzögerung! Es war unglaublich. Ob Ebi den US-Botschafter in Rom nicht erreicht hatte, fragte sich Raimund. Ein weiterer Tag verging, bis das dunkelblaue Büchlein in Bridgetown war. Nun mußte die Botschaft reagieren; sie stellte die Deckungsgarantie für alle anfallenden Kosten.
Am nächsten Morgen war Mike auf dem Operationstisch. Aber die Ärzte saugten nur Blut und Sekrete aus der Bauchhöhle, hefteten eine Darmwunde, desinfizierten da und dort und nähten den Schnitt schnell wieder zu: Es war viel zuviel kaputt da drin. Sie wußten nicht, wo sie mit Flicken anfangen sollten. Erstaunlich, daß der Weiße überhaupt noch lebte! Sie fragten sich, wie lange noch. Ein normaler Mensch wäre an solchen Verletzungen längst draufgegangen. Dieser Patient mußte wohl vor dem Unfall kerngesund und topfit gewesen sein. Man legte Mike ein Tuch über den Körper und rollte ihn zurück in sein Krankenzimmer. Dort hängte man ihn an einen Tropf. Mehr als warten konnte man jetzt nicht.
‚Armer Mike, das hast du bei Gott nicht verdient.'
Raimund strich dem Bewußtlosen sanft über die Stirn, und – es erschien ihm wie ein Phänomen – Mike schlug kurz die Augen auf, sah seinen Freund und nannte ihn mit einer hauchdünnen Stimme beim Namen:
„Raimund..." Ein Blick, und er war gleich wieder weg, tief im Koma.
Für Harmstorf war das ein unmißverständliches Signal: ‚Jetzt aber Dampf! Du mußt alles in Bewegung bringen, um ihn auch noch von hier wegzukriegen!'
Er setzte sich sofort mit dem Botschafter in Verbindung. Dieser antwortete auffallend freundlich und zeigte sich hilfsbereit. Vielleicht hatte er ein Fernschreiben aus Rom erhalten, Harmstorf wollte nicht fragen. Sie verabredeten sich für den selben Nachmittag und beratschlag-

ten dann, wie vorzugehen sei, um Mike schnellstmöglich in eine erstklassige Klinik in den USA zu bringen. Eins wurde ihnen jedoch zunehmend klarer: Von Barbados aus hatten sie schlechte Karten, um effiziente Hilfe zu organisieren. Sie mußten nicht nur ein Krankenhaus finden, das auf solche Fälle spezialisiert war, sondern es sollte sich zudem in der Nähe eines internationalen Flugplatzes, möglichst im Süden Floridas, befinden.
Der Botschafter telefonierte nach Kalifornien, erreichte Mikes Mutter in Torrance. Sie konnte kaum glauben, daß es um ihren Michael derart schlecht stand. Nachdem sie von Fritz und Ebi angerufen worden war, hatte sie mit dem Engländer in Saint George's telefoniert. Dort hieß es nur: Sie solle sich keine Sorgen machen, ihrem Sohn gehe es den Umständen entsprechend gut. Sie hatte sich in falscher Sicherheit gewiegt. Um so größer war der Schock, den die Nachricht des Botschafters auslöste. Trotzdem behielt Patti einen klaren Kopf und rief ihren Schwager Richard ‚Dick' Harker an.
Mikes Onkel Dick lebt in Enzino, Kalifornien, verdient seinen Lebensunterhalt als erfolgreicher Anwalt von erfolgreichen Ärzten. Für Dick war es deshalb nur eine Sache von ein paar Telefonaten, um herauszufinden, welches Krankenhaus in Frage kam. Schließlich hatte er die Antwort: das Broward General Medical Center in Fort Lauderdale, Florida. Ein paar weitere Telefonate, und auch der Ambulanzjet war organisiert. Dick bürgte für die Bezahlung.
Patti fiel ein großer Stein vom Herzen, als ihr Schwager mitteilte, Mike würde am nächsten Tag in bester ärztlicher Obhut sein. Sie konnte jedoch nicht ahnen, daß es fraglich war, ob Mike die Reise überlebt. Sein Leben hing nur noch an einem sehr, sehr dünnen Faden.

※

Fritz und Ebi hatten alles stehen- und liegenlassen und rasten mit ihrem Wagen Richtung Luxemburg. Im kleinen Reisegepäck waren zwei Tickets der Luxair, die sie via Nassau nach Miami bringen sollte. Von Patti hatten sie erfahren, daß Mike am nächsten Abend von Barbados nach Florida geflogen würde. Sie wußten zwar nicht, wie sie ihrem Freund in Fort Lauderdale helfen konnten. Sie wollten aber einfach da sein, wenn er ankam. Das war auch dann sinnvoll, wenn er in tiefer Bewußtlosigkeit lag. Denn irgend etwas gibt es immer zu erledigen, wenn ein Schwerverletzter in ein Krankenhaus eingeliefert wird.

16

Allen D. Heasley stand vor seiner Garage. Er polierte Lack und Chrom einer Corvette, bis der alte Wagen in der Floridasonne glänzte wie neu. Schon als Jugendlicher hatte er sein Taschengeld mit Gebrauchtwagenhandel aufgebessert, sich so seine teuren Flugstunden finanziert. Das Geschäft mit alten Autos machte ihm auch heute noch Spaß. Es lief ganz gut, immer nach dem bewährten Motto: je stärker der Glanz, desto größer der Umsatz. Er wollte gerade eine abschließende Schicht Hartwachs auftragen, als das Telefon im Haus klingelte. Es war der Dispatcher von National Jets:
„Al, wir haben eine Fuhre: Barbados – Fort Lauderdale. Ein Schwerverletzter. Ein Drachenflieger, was immer das ist! Wir sind dran, den Lear-25 herzurichten. Ein Arzt und eine Krankenschwester sind organisiert. Sieh zu, daß du in spätestens zwanzig Minuten hier bist."
„Okay, geht in Ordnung. Wer ist der Co?"
„Ist ein Neuer, hat eben bei Harvey das Type-Rating bestanden. Scheint gut zu sein. Er ist schon drüben und macht die Flugplanung!"
„Wie schwer verletzt ist der Patient?"
„Muß übel zugerichtet sein. Hat vor fast zwei Wochen einen Absturz gehabt, scheint kurz vor dem Jordan zu stehen."
„Verstehe. Bitte sieh zu, daß der Defibrillator mit an Bord ist. Vor zwei Wochen ... die tragbare Dialyse muß auch mit!"
„Okay, Al, wird gemacht!"

Der Flug über die Atlantic Route 315 führte in Flight Level 420 via Bimini, Grand Turk, San Juan und Martinique direkt nach Barbados. Drei Stunden und achtzehn Minuten nach dem Start von Fort Lauderdale-Hollywood International landete der 850 km/h schnelle Jet auf Grantley Adams International Airport. Der Copilot schrieb die Landezeit ins Logbuch: 12:49 Uhr, Barbados, 2. 2. 77. Danach kümmerte er sich um das Auftanken des Millionen-Dollar-Vogels, während Captain Heasley die Formalitäten bei der Grenzpolizei erledigte. Der Flugauftrag mit dem Namen des Patienten genügte dem Beamten. Alles bereit; wenn der Mann an Bord war, konnte man starten. Doch dann wartete man und wartete. Irgend etwas stimmte nicht: weit und breit keine Ambulanz.

Der Co bestätigte, daß die Flugkosten via American Express bereits abgebucht worden waren. Ein Kalifornier namens Richard Harker hätte für seinen Neffen, den Patienten, bezahlt. Die Auskunft reichte. Heasley gab dem Co einige Anweisungen, nahm ein Taxi und fuhr nach Bridgetown zum Queen Elizabeth Hospital.

Kaum hatte Heasley das Fahrgeld bezahlt, als ein großer Typ im hellen Leinenanzug die Tür aufmachte und sich zu ihm ins Taxi setzte. Es war Raimund Harmstorf. Er hatte den Wagen vorfahren sehen und sich leicht ausrechnen können, wer der Mann in Uniform war. Er nahm ein Bündel Geldscheine aus der Tasche, zählte ein paar Dollars ab, gab sie dem Fahrer – „Just a moment!" – und bat ihn, das Radio etwas lauter zu stellen. Dann wandte er sich an Heasley:

„Gott sei Dank, daß Sie gekommen sind", sagte er leise. „Es ist höchste Zeit. Hier läuft vieles nicht ganz wunschgemäß." Er erklärte dem Piloten die Situation: Man wolle den ‚reichen Amerikaner' nicht entlassen! Offizielle Begründung der Ärzte: Der Patient sei zur Zeit

nicht reisefähig. Allerdings gab es Anzeichen, die den Verdacht schürten, daß es nur um Dollars ginge: Je länger der Patient im Queen's, desto höher die Rechnung.
Heasley wurde nun klar, warum der US-Botschafter in Bridgetown so vorsichtig geantwortet hatte, als National Jets den üblichen Kontrollanruf tätigte. Der Diplomat wollte den Ärzten nichts unterstellen, andererseits hatte er erkannt, wie schlimm es mit US-Citizen Harker stand. Unter diesen Gesichtspunkten betrachtet, waren seine Worte höchst alarmierend: ‚Sie sollten ihn heute abholen, nicht erst morgen!'
So war das also, dachte sich Heasley: Wenn der Patient, der seit Tagen im Koma lag, eine Überlebenschance haben sollte, mußte er sofort in ein erstklassig ausgerüstetes Krankenhaus. Das wußten hier alle! Wenn sie aber den Drachenflieger ziehen ließen, könnte man das als Eingeständnis ihrer Unfähigkeit auslegen. Also übten sie sich in Verzögerungstaktik. Nützlicher Nebeneffekt: Ein halbtoter Yankee, der langsam auf Barbados stirbt, bringt ihnen mehr als einer, der in den USA überlebt.
Harmstorf und Heasley waren sich einig: Mike mußte weg hier. Wenn sie ihn heute rauskriegen wollten, durften sie jetzt keinen Fehler machen. Sie heckten einen gewagten Plan aus, dann schüttelten sie sich die Hände.
„Und noch eine Bitte, Heasley: Wenn alles geklappt hat, wenn Sie in Florida gelandet sind, rufen Sie bitte Mikes Mutter in Kalifornien an. Die Dame stirbt vor Angst um ihren Sohn."
„Okay, Raimund, wird gemacht."
Harmstorf gab ihm einen Zettel mit der Telefonnummer und einen Briefumschlag – „ist für Mike, wenn er wieder wohlauf ist!". Dann stieg er aus dem Taxi und ging zum Haupteingang. Er durchquerte die Halle und mar-

schierte geradewegs in Richtung Ärztezimmer. Dort klopfte er kurz an und trat ein.
Heasley schloß währenddessen den Kragen, zog die Krawatte zurecht und knöpfte sein Jackett zu: Uniform wirkte immer – aber nur dann respekteinflößend, wenn sie in einwandfreiem Zustand war. Er strich sich mit den Fingern durch sein blondes Haar und setzte die Pilotenbrille auf. Kurz danach betrat er das Krankenhaus durch die Eingangstür der Notaufnahme.
Ein Leuchten huschte über das Gesicht der Krankenschwester, als Heasley eintrat. Erfreut stand sie hinter ihrem Empfangspult auf. Sie wollte dem eleganten Offizier entgegengehen, der in der Mitte des Raums stehengeblieben war. Doch dann schrak sie zusammen, Heasleys Stimme klang eisig:
„Wie heißen Sie?!"
Verlegen stammelte sie ihren Namen.
„Nurse Clarke, hören sie genau zu: Sie sind verantwortlich! In drei Minuten ist der Krankenwagen hier vor dem Eingang zur Abfahrt bereit!" Kleine Kunstpause, dann hob er seine Stimme, so wie er es aus seiner Pilotenzeit bei der US-Navy gewohnt war, und fragte drohend: „Was ist der Krankenwagen in drei Minuten?"
Sie bestätigte hastig seinen Auftrag und griff zum Telefon. Heasley ließ sie stehen, schritt zielsicher durch den Korridor. Kaum war er außer Sicht, schaute er kurz in mehrere Zimmer. Nummer 28 war leer. Gut! Er ging weiter. Dank Harmstorfs Beschreibung war die Intensivstation leicht zu finden. Dort sah er Harker: ein leichenblasses Gesicht mit halboffenem Mund. Mehr tot als lebendig lag der Mann regungslos auf einem Bett. Die ganze Intensivbetreuung bestand aus einer Glasflasche mit einem Schlauch, der zum rechten Oberarm führte, und einem Fieberthermometer auf einem Tischchen. Kein Telefon im Raum! Neben der Tür stand ein Roll-

bett. ‚Glück gehabt!' stellte Heasley erleichtert fest.
Beim Fenster saß eine Krankenschwester. Gelangweilt hatte sie in einem Heftchen gelesen. Nun schaute sie erstaunt auf. Heasley lächelte und bat sie freundlich, die Oberschwester zu holen. Als sie beide vor ihm standen, wurde sein Gesicht zur harten Maske. In einem Ton, der keine Widerrede duldete, befahl er, den Patienten aus Sicherheitsgründen sofort zu verlegen: „Zimmer 28!"
Dort angelangt, erteilte er die Order: „Zur Notaufnahme!" Die Oberschwester zögerte, wagte aber nichts zu sagen. Heasley ließ die beiden nicht mehr aus den Augen, bis Mike im Krankenwagen war. Es hatte funktioniert: Auf dem ganzen Weg bis zur Ambulanz war ihnen kein Mensch begegnet. Harmstorf hatte seinen Part gut gespielt, nämlich die Ärzte in ein Gespräch verwickelt.
In einem Punkt waren sie sich ziemlich sicher gewesen: Sobald Mike im Krankenwagen war, konnte eigentlich keine Gefahr mehr drohen. Zurückordern würde man ihn bestimmt nicht mehr. Trotzdem war Heasley erleichtert, als sie mit Rotlicht und Sirene auf der Küstenstraße in Richtung Osten rasten: achtzehn Kilometer bis zum Flugplatz. Ungehindert passierten sie das Flughafentor, hielten kurz beim Zoll. Heasley präsentierte die abgestempelten Papiere, dann fuhren sie direkt vor das Flugzeug.
Um 15:22 Uhr startete der Co die beiden General Electric-Triebwerke, und kurze Zeit danach beschleunigten zweimal 2950 Pfund Schub den Learjet über die Piste 09.
Eine Stunde später war Mike Harker tot.

17

Der Learjet ist mit Abstand das schnellste Flugzeug seiner Klasse. Von den Piloten als Porsche der Jets gelobt, wußten die Passagiere Ähnliches zu sagen: wie ein Porsche, aber genausowenig Platz. Für den Ambulanzflug hatte man drei Sitze und ein Tischchen auf der rechten Seite herausgenommen und dafür die Krankenliege festgeklinkt. Das Ganze war praktisch und vor allem platzsparend konstruiert. Trotzdem war es sehr eng in der einen Meter sechzig hohen Kabine. Wenn der Arzt an der Krankenschwester vorbei wollte, mußte sie sich jedesmal auf einen der freien Sitze setzen.
Von Mike sah man nur einen Arm und den Brustkorb. Sein Gesicht steckte unter einer Sauerstoffmaske. Unterkörper und Beine waren mit einem weißen Tuch zugedeckt. Verschiedene Schläuche und Drähte führten zur Dialyse, der Sauerstoffflasche und zum EKG-Monitor. Auf dem dunkelgrauen Bildschirm wanderte ein leuchtendgrüner Punkt von links nach rechts, zeichnete eine helle, schnell verblassende Linie. In Sekundenabständen machte der Punkt einen zaghaften Sprung nach oben: Mikes Herz hatte geschlagen.
Ohne Vorwarnung begann dieser Punkt plötzlich in kleinen Ausschlägen auf und ab zu rasen, hinterließ eine unregelmäßige, zittrige Spur. Vom Monitor ertönte ein erstes Warnsignal, dann der zweite Piepser. Der Arzt und die Krankenschwester schauten auf den Bildschirm, sahen nur noch einen geraden Strich. Der Punkt, von keiner Herzmuskeltätigkeit zum Ausschlagen gebracht,

zog leblos von links nach rechts: Mike war klinisch tot. Mit gespenstischer Regelmäßigkeit übertönte der eindringliche Piepston jedes Kabinengeräusch.
„Defibrillator!" lautete der knappe Befehl an die Krankenschwester. Schnell nahm sie die zwei faustgroßen Elektroden mit den isolierten Griffen, bestrich die Metallflächen mit Vaseline, um Brandwunden zu vermeiden, und reichte sie dem Arzt. Eine Elektrode preßte er auf Mikes rechten Brustmuskel, die andere auf die linke Brustkorbseite in Höhe der untersten Rippen.
„Jetzt!"
Die Krankenschwester drückte auf den Knopf, und augenblicklich blitzten mehrere hundert Volt quer durch den Brustkorb. Mikes Körper zuckte. Doch die Linie blieb ein toter Strich.
„Noch einmal: jetzt!"
Kein Erfolg! Arzt und Krankenschwester schauten sich schweigend an. Es hatte so kommen müssen: Zwei Wochen lang hat dieser Schwerverletzte ohne ausreichende ärztliche Versorgung überlebt. Irgendwann sind auch die Abwehrkräfte des gesündesten Körpers, die Energiereserven des stärksten Sportlers erschöpft.
Und noch immer ertönte der Piepston in tödlicher Regelmäßigkeit durch die fliegende Notstation. Er hatte nicht ein einziges Mal ausgesetzt.
„Versuchen wir es noch einmal: jetzt!"
Wieder zuckte Mikes Körper. Und wieder lag er regungslos da. Dort, wo die Kontaktplatten die Haut berührt hatten, war sie so rot, als wenn man ein heißes Bügeleisen aufgelegt hätte.
Beschwörend redete der Arzt auf den Patienten ein: „Nicht aufgeben, Mann! Du kannst noch nicht abtreten, Komm: jetzt!"
Diesmal saß der Elektroschock. Die geballte Kraft von 400 Volt jagte diagonal durch das Herz. Der ganze

Oberkörper bäumte sich auf. Ein Blick auf den Monitor bestätigte die Hoffnung – das Herz begann zaghaft zu schlagen. Der Pieps verstummte: Mike lebte wieder! Trotz des Turbinengeräuschs konnte man im Cockpit vorne das Aufatmen der Krankenschwester hören.
„Alles okay?" wollte Heasley wissen, dem weder das Warnsignal des Monitors entgangen war, noch daß der Arzt den Defibrillator verlangt hatte.
„Ja, noch mal Glück gehabt!"
Nach einem Tankstopp in San Juan auf Puerto Rico setzte in der Nähe des Radiofunkfeuers auf der Insel Grand Turk das Herz von Mike erneut aus. Es schien, als ob seine Lebensenergie endgültig gebrochen war. Doch der Arzt schaffte es wiederum, ‚Mike von der Schippe des Todes zu holen', wie es Raimund Harmstorf später einmal ausdrückte.
Siebzig Minuten nach dem zweiten Defibrillator-Einsatz landete der sechs Tonnen schwere Lear auf der Piste 13 von Fort Lauderdale-Hollywood International und rollte zum Zoll. Es war kurz nach Sonnenuntergang. Die Ambulanz, über Funk angefordert, stand bereit, und während Captain Heasley die Formalitäten für Patient und Crew erledigte, raste der Krankenwagen mit Rotlicht über den Federal Highway No 1 zur Andrews Avenue.
Im Fond saßen zwei unrasierte Fahrgäste, die den Patienten mit traurigen Augen wortlos ansahen: Fritz und Ebi hatten seit Stunden im Zollgebäude auf ihren Freund gewartet.
Nach zehn Minuten waren sie im Broward General Medical Center – dort, wo Mike um alles in der Welt schon zwei Wochen früher hingehört hätte: in der Notaufnahme eines erstklassigen Krankenhauses.
Heasley rollte währenddessen den Lear 25 zum Nordende des großen Flugplatzes, ins Scheinwerferlicht des

Hangars von National Jets. Dort bat er seinen Copiloten, den Afterflight-Check zu erledigen und dafür zu sorgen, daß die medizinischen Einrichtungen überprüft und ordnungsgemäß versorgt würden. Dann ging er ins Office und telefonierte nach Kalifornien, meldete einer überglücklichen Mutter, daß ihr Sohn jetzt in guten Händen sei. Er verschwieg, daß Mike zweimal wiederbelebt werden mußte, sagte nicht, wie schlecht es um ihn stand.
Oberschwester Viola Regan wollte gerade ihren Tagesrapport abschließen, als die Notaufnahme anrief:
„Vi, wir haben einen Notfall. Ex Queen's Barbados. Ist bereits auf dem Weg in die Intensivstation. Verdacht auf Nierenversagen."
Vi hatte 22 Jahre Berufserfahrung und wußte, was zu tun war. Sie beauftragte die Zentrale, den Urologen Dr. Eugen Chamberlain auszurufen. Dann steckte sie kurz ihren Kopf ins Ärztezimmer und bat den Chirurgen Dr. Roger Williams, noch einen Moment zu bleiben, wahrscheinlich würde er Arbeit bekommen.
Als Mike auf die Station gebracht wurde, waren zwei junge Männer an der Seite seines Rollbetts. Doch Vi interessierte sich wenig für die beiden. Als sie Mike sah, dachte die Oberschwester, daß sie voreilig gehandelt hatte. Dr. Chamberlains Gesicht verriet große Besorgnis. Wahrscheinlich konnte Dr. Williams nach Hause gehen. Für diesen jungen Mann bestand kaum noch Hoffnung. Doch Chamberlain bat seinen Kollegen, dem Patienten ein ‚Shunt' in den Unterarm einzupflanzen.
„Wenn wir ihn sofort an die Dialyse hängen, hat er noch eine kleine Chance!"
Zwanzig Minuten später hatte Dr. Williams das Shunt – zwei Nadeln, so groß wie Bleistifte – operativ in den rechten Unterarm eingesetzt. Mike wurde in die Intensivstation gerollt und an das Dialysegerät angeschlossen,

eine Art Reinigungsmaschine, die in rund sechs Stunden das gesamte Blut eines Menschen reinigt, von Gift und Schadstoffen befreit.

Fritz und Ebi wurden gebeten, in die Notaufnahme zurückzukommen. Dort meinte Nancy, die Krankenschwester am Empfang, da ihr Freund nun in Behandlung sei, wäre es ihnen sicherlich recht, den ‚Papierkram' zu erledigen. Sie lächelte dabei. Denn eine Stunde zuvor hatte Ebi einen Riesenaufruhr veranstaltet, als man Mike nicht ins Haus lassen wollte, bevor alle Personal- und Versicherungsfragen geklärt seien. „Wenn Sie noch lange Ihren Papierkram erledigen wollen", hatte er ihr an den Kopf geworfen, „dann können Sie gleich einen Totenschein ausstellen! Mike muß sofort operiert werden. Wir bürgen für ihn!" Nun standen die beiden über den Schalter gebeugt und beantworteten freundlich alle Fragen. Nur bei der Frage der Versicherung mußten sie passen. Da würden wohl sie und die Familie haften müssen.

‚Mein Gott', dachte sich Nancy, ‚die haben wohl keine Ahnung. Die Behandlung von so einem Schwerverletzten kann in die Millionen gehen.'

Als ob Ebi die Gedanken erraten hatte, sagte er: „Sobald wir wieder zu Hause sind, fahre ich nach Nesselwang. Ich habe einen Schlüssel zu Mikes Wohnung. Vielleicht finde ich dort die Versicherungsunterlagen, sofern er überhaupt versichert war."

Sie verabschiedeten sich von Nancy und gingen auf direktem Weg in ihr Hotel. Sie waren müde, hatten seit 36 Stunden kein Auge zugetan. Früh am nächsten Morgen wollten sie wieder ins Krankenhaus. Dr. Chamberlain hatte versprochen, sie auch außerhalb der Besuchszeiten zu empfangen.

Die Nachtschwester Louise Sabourin hatte inzwischen ihren Dienst angetreten. Vi orientierte sie über die

Situation in der Intensivstation und über den Neuzugang auf Station eins. Dabei gab sie ihrer Besorgnis um den kritischen Zustand des Patienten Ausdruck. Doch Louise war eine Frohnatur: Wann immer ein Fall eingeliefert wurde, wollte sie nicht dessen Tragik bestätigt haben, sondern versuchte, etwas Positives zu finden. Etwas, woran sie glauben konnte. Nachdem sie sich über den Patienten gebeugt hatte, sagte sie:
„Mein Gott, wie schön der ist. Er wird es schon schaffen!"

18

Ihr Michael war in Florida, sie in Kalifornien. Dazwischen lagen zwei Hindernisse: dreitausend Kilometer und Flugangst.
Patti Harker, All America-Champion im Motorradfahren, Tourist Trophy-Gewinnerin und Mutter der sportlichsten Familie der USA, hatte Angst vorm Fliegen. Also setzte sie sich in den Greyhound-Bus, drei lange Tage und Nächte bis Fort Lauderdale.
Was sie dort zu sehen bekam, tat unendlich weh: ein bewußtloses Häufchen Mensch, festgebunden auf einem Streckbett. Mikes Hüfte und Beine hatte man mit Silbernadeln durchbohrt. An den Nadelenden waren dünne Leinen befestigt, die über Rollen zu frei hängenden Gewichten führten. Wenn die Knochen richtig zusammenwachsen sollten, mußten sie gestreckt werden.
Sein Körper war mit Elektroden und Drähten bestückt. Sie verbanden ihn mit dem EKG-Monitor, auf dessen Bildschirm die geschwächte Herztätigkeit zu sehen war. Zwei Schläuche verliefen zum rechten Unterarm, zum Shunt, einer zum linken Oberarm, die künstliche Ernährung; ein vierter führte Sauerstoff zur Nase, und ein großer Schlauch verschwand diskret unter einem weißen Tuch, das lose über seiner Hüfte lag. Mikes Kopf war fixiert, mit Bandagen festgebunden. Bewegungsfreiheit wäre schädlich gewesen.
Patti schrie innerlich auf: ‚Oh Michael, mein lieber Michael, was ist nur geschehen? Warum? Warum du?'
Sie verspürte einen Schmerz, wie ihn nur eine Mutter

empfinden kann. Eine Mutter, die ihr Kind nach langer Abwesenheit hilflos, halb tot und mit geringer Hoffnung auf Besserung, zum erstenmal wiedersieht. Da geschah eines der vielen, kleinen Wunder, die Mike seit seinem Unfall begleitet hatten. Obwohl er nach medizinischer Beurteilung im Koma lag, schlug er die Augen auf. „Mom!" Michael lächelte. Er war für einen Augenblick aus seiner tiefen Ohnmacht erwacht, hatte seine Mutter erkannt. Seine Augen verschleierten sich jedoch schnell wieder. Dann stammelte er ein paar zusammenhanglose Sätze in einer Sprache, die Patti nicht verstand. Mike sprach deutsch, redete wirr und zusammenhanglos über seine Arbeit, von seinen Geschäften, seinen Verpflichtungen, und daß er dringend zurück nach Deutschland müsse.

Meistens lag Mike bewußtlos in seinem Streckbett. Er erkannte nicht, was mit ihm los war – sein Gehirn hatte sich weitgehend abgeschaltet –, das Gedächtnis war eingefroren. Es ließ der Seele Ruhe, sich zu erholen. Er spürte nichts; ein Gelähmter hat keine Schmerzen. Er nahm auch nicht wahr, daß ihn seine beiden Freunde aus dem Allgäu besucht hatten.

Fritz und Ebi waren bei ihm geblieben, bis Patti angereist kam. Sie waren befreundet, hatten sich während der Dreharbeiten für den ‚Ikarus'-Film in Kalifornien kennengelernt. Doch Wiedersehensfreude wollte verständlicherweise nicht aufkommen. Ein paar Tage später reisten die beiden Allgäuer ab. Die Arbeit rief sie zurück nach Seeg.

Der lange Rückflug über New York und Reykjavık nach Luxemburg war von einer bedrückenden Atmosphäre überschattet. Die Ohnmacht, Mikes Schicksal kompromißlos akzeptieren zu müssen, weder ihm noch Patti helfen zu können, ließ sie die meiste Zeit unglücklich schweigend in ihren Sitzen verbringen. Schließlich kamen Zweifel auf, weiterhin im Drachenfluggeschäft zu bleiben. Sie fragten sich, ob sie das moralische Recht hatten, ihre Schüler und die Käufer ihrer Drachen solchen Gefahren auszusetzen.

„Weißt du, Ebi", beichtete Fritz, „an dem Morgen, an dem du Al Heasley bei National Jets besucht hast, um abzuklären, ob alles geregelt sei, hat mich Dr. Chamberlain aufgefordert, die Wahrheit zu akzeptieren. Ich wurde eingepackt wie ein Chirurg: Mütze, Mantel, Schuhe. Auch einen Mundschutz mußte ich tragen. Dann sind wir durch eine Schleuse in die Intensivstation hineingegangen.

Ein eigenartig steriler Geruch drang an meine Nase. Zu hören waren röchelnde Laute von Patienten, die an irgendwelchen Beatmungsmaschinen hingen. Unheimlich. Im Bett zwei, direkt neben Mike, schlief ein junger Kerl – ‚achtzehn Jahre alt', sagte Dr. Chamberlain, ‚vor zwei Tagen einen Kopfsprung ins Meer gemacht, auf eine Sandbank gefallen, jetzt ist er Quadriplegiker, das heißt, vom Hals an gelähmt!'

Dr. Chamberlain schob den Vorhang von Bett eins zur Seite. Ich sah Mike, wie er nackt dalag, ein Tuch über seinen Beinen. Zuerst begriff ich gar nicht, was mit ihm los war.

Ebi! Und dann wurde mir fast schlecht. Was ich zu sehen bekam, ließ meine Knie weich werden: Mikes Bauch war offen. Offen! Verstehst du? Ein großer Schlitz vom Brustbein bis zur Blase. Ich konnte in ihn hineinschauen. Es war wie eine Auslage beim Metzger."

„Um Gottes Willen! Offen? Warum?"

„Dr. Chamberlain hat es mir erklärt. Sie nennen das eine Peritoneal Lavage. Da wird die Bauchhöhle mit einer Kochsalzlösung gereinigt und anschließend in einer sterilen Umgebung einen bis zwei Tage offen gelassen. So können die infizierten Stellen schneller

heilen, neue Infektionsherde sofort erkannt und entfernt werden, ohne den Patienten wieder aufschneiden zu müssen."
„Warum hast du mir nichts gesagt?"
„Ich mußte zuerst selber damit fertig werden. Tut mir leid. Und zudem war das auch nicht die ganze Wahrheit, die ich akzeptieren sollte."
„Ja, was denn sonst noch? Sag!"
„Dr. Chamberlain hat mir erklärt, daß Mike gelähmt ist, von der Hüfte an abwärts. Hoffnungslos!"
Als Ebi begriff, was mit Mike wirklich passiert war, begann er zu weinen:
„Er wird nie mehr? Ist es das, was du mir verschwiegen hast?"
„Ja, Ebi", sagte Fritz und gab ihm sein Taschentuch.
Später überlegten sie sich, was Mike wohl an ihrer Stelle machen würde. Sie waren überzeugt, daß alles, was er in seinem Leben erreicht hatte, auf seinen Durchhaltewillen zurückzuführen war.
„Mike würde nicht aufgeben!" sagte Ebi. „Wir müssen weitermachen und alles, was in unserer Macht liegt, für die Sicherheit im Drachenflugsport einsetzen. Mike wird uns dabei helfen wollen. So können wir auch ihm helfen!"
Sie gaben sich die Hand.
Die Wahrheit machte auch vor Patti nicht halt. Irgendwann mußte sie erfahren, wie es um ihren Sohn stand. Was sie von Dr. Chamberlain zu hören bekam, betäubte sie fast. Die Hoffnungen, mit denen sie in den letzten Wochen ihre Sorgen und Ängste hatte verdrängen können, waren von unwiderlegbaren Tatsachen zunichte gemacht worden:

> Sechsfache Beckenfraktur. Zwei Wirbelknochen gebrochen. Die Beine mehrfach gebrochen. Schädelbasisbruch. Kieferbruch. Beide Nieren gerissen. Die

Blase zerrissen. Beide Harnleiter abgerissen. Leber und Milz beschädigt. Die Bauchhöhle infiziert. Blutvergiftung. Kreislaufstörungen. Gelähmt. Gelähmt, von den Hüften an abwärts.

„Oh, mein Gott! Michael, gelähmt!" Die Welt verschwamm vor Patti Harkers Augen. Sie hörte zwar, daß ihr Dr. Chamberlain erklärte, welche Operationen durchgeführt worden waren. Aber sie verstand ihn nicht. Sie hatte nur begriffen, daß Michael nie mehr gehen könne, und dieses Wissen nahm ihr jede Kraft.

Später am Abend versuchte ihr Louise Sabourin Mut zu machen, sie zu trösten. In einfachen Worten erklärte sie ihr auch, was die Ärzte gemacht hatten:

„Man hat Ihrem Sohn den Bauch geöffnet und alle infizierten Organe einzeln gesäubert. Dann hat man sie geflickt, am richtigen Ort angenäht und den Bauch wieder geschlossen. Weil die Nieren noch nicht funktionieren, hängt Ihr Michael am Dialysegerät, das sein Blut reinigt."

„Louise, glauben Sie, daß Michael wieder gesund wird?"

„Ja, Patti, ich glaube es. Er wird es schaffen!"

Sie verschwieg, daß sie dabei fest auf ein Wunder hoffte. Die Ärzte hingegen sahen die Situation, wie sie war: Für den jungen Mann gab es keine Chance, das Bett zu verlassen. Er würde ein Pflegefall bleiben, für immer.

Anfang Mai erhielt Mike Krankenbesuch aus der Schweiz: Fred Michel und Hausi Amacher, zwei Delta-Pioniere aus dem Berner Oberland. Besorgt um ihr Idol, waren sie nach Amerika gekommen. Vier Tage später standen sie traurig wieder in Interlaken: ‚Es steht böse um ihn!' Mehr wollten sie ihren Clubkameraden nicht sagen.

Als Patti Harker zum zweitenmal nach Florida kam – wieder hatte sie drei Tage und drei Nächte im Greyhound-Bus verbracht –, stellte sie erfreut fest, daß

Michael ein klein wenig Farbe bekommen hatte. Noch immer lag er bewußtlos in seinem Streckbett, noch immer waren all diese Drähte und Schläuche angeschlossen, aber wenigstens sah ihr Kind nicht mehr so blaß aus. Das leichenhafte Grau war aus seinem Gesicht verschwunden.
Bestand Hoffnung auf ein Wunder, oder war das Wunder schon geschehen?
„Das EKG zeigt eine kräftigere, regelmäßigere Herztätigkeit. Die Blutwerte haben sich verbessert, und die Röntgenaufnahmen bestätigen, daß die gebrochenen Knochen kräftig zusammenwachsen", erklärte ihr Louise. Wie immer fand die Nachtschwester nicht nur Worte des Trostes, sondern auch einfache Sätze, um die Situation verständlich darzustellen.
Sie konnte die sportliche Kalifornierin gut leiden. Patti gehörte zu den angenehmen Verwandten, die nie ein Wort des Unwillens verloren. Auch dann nicht, wenn die kurze Besuchszeit vorbei war. Geduldig verbrachte Patti die Tage in Fort Lauderdale mit Lesen, um dann in den Stunden, wenn sie ihren Michael sehen konnte, still an seinem Bett zu sitzen.
Nur einmal reklamierte sie. Irgend etwas schien mit einem Pfleger nicht zu stimmen. Während Mike sonst Tag für Tag ruhig und bewegungslos im Bett lag, bäumte er sich auf, sobald der Mann die Klammer der Sauerstoffzufuhr an Mikes Nase richtete. Jedesmal das gleiche, unheimliche Bild: Kaum hatte der Pfleger seine Hände an der Klammer, begann Mike zu würgen, als wenn er sich erbrechen müßte. Er hob seinen Brustkorb, zerrte mit den Armen an den Fesseln, versuchte, seinen bandagierten Kopf durch das Kissen hindurch wegzudrücken.
Es war für Patti eine schauerliche Situation, zusehen zu müssen, wie sich ihr bewußtloser Sohn gegen etwas

wehrte, ohne sich helfen zu können. Was es nur sein konnte, das Michael so störte. Der Mann selber war ein freundlicher, feinfühliger Mensch, der seine Arbeit behutsam ausführte. Louise wußte keinen Rat. Sie fragten Dr. Chamberlain. Auch er konnte sich nicht erklären, was in Mike vorgehen mußte, um diese heftige Reaktion auszulösen. Schließlich entschied man, den Pfleger nicht mehr an Mike heranzulassen.
Erst Jahre später sollte Patti erfahren, was die Ursache war. Der Pfleger muß ein starker Raucher gewesen sein. Die Finger des Mannes rochen so intensiv nach Nikotin, daß sich Mikes Abneigung gegen das Rauchen im Unterbewußtsein mit Übelkeit und Brechreiz bemerkbar gemacht hatte. – „Es war furchtbar. Ich mußte mich erbrechen, aber mein Magen war leer! Ich wollte weg von dieser Qual, von diesen Fingern, und war gefesselt. Ein richtiger Alptraum: Ich wollte mich wehren und war gefangen. Ich wollte schreien und brachte keinen Laut heraus!" – Die Erfahrung mit den rauchigen Fingern war die einzige Erinnerung, die Mike an die fünf Wochen in Florida hatte, an eine Zeit, die er nach medizinischen Gesichtspunkten bewußtlos erlebte.
Am 22. Mai kam Patti per Bus zum drittenmal von Kalifornien an die Ostküste. Sie hatte große Sorgen. Die Krankenhausrechnungen, die zu erwarten waren, würden ihr Budget bei weitem übersteigen. Sie sollte deshalb nicht von ihrer Arbeit weg, wollte aber trotzdem nahe bei ihrem Michael sein. Dr. Chamberlain hatte Verständnis und überlegte, wie Mike sobald wie möglich nach Kalifornien überführt werden könnte. Er wußte, daß die horrenden Krankenkosten die Familie Harker zu ruinieren drohten, sollte Mike tatsächlich keine Kranken- und Unfallversicherung haben. Leider deuteten alle Anzeichen darauf hin, denn trotz aller Nachforschungen hatte auch Eberhard Jehle bislang keine

Gesellschaft ausfindig machen können, bei der Mike versichert war.

„Ich denke, daß ein Transport heute so kritisch ist, wie er es in zwei Monaten noch sein wird. Wenn wir die nötigen Vorbereitungen treffen und alle mögliche Vorsicht walten lassen, können Sie Mike noch diese Woche nach Kalifornien mitnehmen. Western Airlines hat ein Spezialangebot im Tarif, damit sparen Sie sich den 14 000-Dollar-Flug mit dem Ambulanzjet. Sie zahlen drei Plätze und erhalten zwei Sitzreihen. Mit einem Vorhang wird ein kleines Abteil geschaffen, groß genug für den Patienten auf einer Trage, eine Krankenschwester und einen Angehörigen der Familie."

„Damit wäre uns allen sehr geholfen. Und Sie glauben, Dr. Chamberlain, daß es besser ist, wenn ein Familienangehöriger mitfliegt?"

Diese Frage kam nicht unerwartet. Es hatte sich im Spital wie ein Lauffeuer herumgesprochen, daß die Harkers vor nicht allzulanger Zeit zur sportlichsten Familie von Amerika gekürt worden waren und Patti, die große Motorradrennfahrerin, Angst vorm Fliegen hatte.

„Nein, Patti, es muß nicht sein. Aber wenn Mike unterwegs aus seiner Ohnmacht aufwacht, wäre es für ihn vorteilhaft, ein bekanntes Gesicht zu sehen!"

„Gut, Dr. Chamberlain, ich werde mich überwinden!"
Am 27. Mai wurde Mike aus dem Broward General Medical Center entlassen. Ein Ambulanzfahrzeug stand bei der Notaufnahme. Eine Schwester mit einem tragbaren Dialysegerät kam durch die Türe der Notaufnahme und stieg in den Krankenwagen. Man war bereit, zum Flugplatz zu fahren. Mike lag bewußtlos auf einem gepolsterten Brett. Sechs strammgezogene Gurte sorgten dafür, daß er sich keinen Millimeter bewegen konnte: Zu groß war die Gefahr, daß den Nerven in der

verletzten Wirbelsäule weitere irreparable Schäden zugefügt würden. Patti verabschiedete sich von den Ärzten und von Oberschwester Vi Regan, ging ein letztes Mal zur Intensivstation, wo Mike fünf Wochen gelegen hatte. Dort traf sie Louise.
„Vielen herzlichen Dank für alles!"
Sie umarmte die Nachtschwester so heftig, daß ihre Tasche zu Boden fiel. Beide bückten sich, um den Inhalt aufzuheben. Dabei sah Louise ein ‚Playgirl'-Magazin und mußte sich beherrschen, nicht schallend zu lachen.
„Du, Patti! Du liest Playgirl?!"
Patti wurde verlegen, errötete, dann antwortete sie:
„Schau, hier ist Michael!" Sie klappte die Mittelseite auf, und wirklich, ein Sunnyboy, kräftig, groß, gesund und stark lachte ihnen nackt entgegen.
„Ich habe mich geschämt, daß Michael sich so fotografieren ließ. Doch dann nahm ich das Heft mit und dachte, ich muß Dr. Chamberlain zeigen, wie er vor dem Unfall ausgesehen hat, vielleicht ..."
„Oh, Patti, verzeih bitte! Ich dachte ..."
„Ist schon gut. Man sieht ihm äußerlich ja nicht viel an. Er ist nur so schrecklich abgemagert ... wiegt nur noch ganze 90 Pfund."
„Er wird wieder, ich weiß es! Ein Wunder ist ja bereits geschehen: Mike ist am Leben. Viele glaubten, daß er die erste Woche hier nicht überstehen werde. Doch, doch, er wird schon wieder!" sagte Louise und schaute dabei verstohlen auf das Magazin. Patti bemerkte den Blick und drückte ihr das Heft spontan in die Hand:
„Da, behalte es. Als Erinnerung!"
Louise strahlte. Sie verabschiedeten sich mit einer letzten Umarmung. Zwei Stunden später startete eine DO-8 der Western Airlines mit Ziel Los Angeles.

※※※

19

„Gelähmt?" Mike war, als ob man ihm sein Schleppseil kurz vor dem Zieleinlauf aus der Hand gerissen habe. Die Wahrheit war unfaßbar:
„Gelähmt! Ein Krüppel! Ein Leben lang auf fremde Hilfe angewiesen sein? Nein, Nein! Nein!! NEIN!!!"
Mit müden Armen zog er die Bettdecke vor sein Gesicht und schrie in die Dunkelheit: „Nein, das kann alles nicht wahr sein. Das ist nicht wahr. Ich werde es beweisen! Ich werde es beweisen! Ich werde es beweisen!"
Er wiederholte diesen Satz, bis er erschöpft einschlief.

Am 28. Mai hatte man Mike vom Los Angeles International Airport direkt nach Fullerton auf die Krankenstation im Saint Jude Hospital gebracht. In den folgenden Wochen konzentrierte sich Chefarzt Dr. Francis G. Makkey mit der Behandlung darauf, den Zustand des Patienten zu stabilisieren. Der verunglückte Sportler mußte aus seinem Delirium heraus und so schnell wie möglich zu Kräften gebracht werden. Je eher man ihn in das hauseigene Rehabilitationszentrum einwies, desto größer die Chance, daß der Mann eines Tages das Bett verlassen und im Rollstuhl ein den Umständen entsprechend selbständiges Leben führen konnte.
Für Mike war am Ostersamstag in Grenada die Zeit stehengeblieben. Für ihn gab es keine Vergangenheit, keine Zukunft und auch keine Gegenwart. Sein Bewußtsein hatte sich in den Schutz der Nacht zurückgezogen,

und nur langsam begann sich die Dunkelheit zu lichten. Aus den ersten Wochen im Saint Jude erinnerte er sich an eine einzige Begebenheit. Es war, als wenn er durch einen Schleier hindurch einer Szene zugeschaut hätte, bei der er selber die Hauptrolle spielte:
Er erwachte aus einem tiefen Schlaf. Er wußte nicht, wo er war. Er glaubte zu träumen, einen Traum intensiv zu erleben. Anders konnte es nicht sein, denn er spürte seinen Körper nicht, lag wie schwerelos in einem fremden Zimmer, in einem fremden Land, mit fremden Menschen. Kleine Gestalten huschten um ihn herum, redeten in einer fremden Sprache. Plötzlich wurde es sehr hell und ganz still. Mike hörte ein summendes Geräusch, dann sprach eine Stimme ein paar Minuten lang Worte und Sätze, die er nicht verstand. Es wurde wieder dunkel, die kleinen Personen packten ihre Sachen und verschwanden. Mike schlief wieder ein.
Erst Mitte Juli konnte ihm seine Mutter erklären, was geschehen war: Die japanische Fernsehstation NHK hatte vom tragischen Unfall Wind bekommen. Eiligst entsandten sie ein Reportageteam nach Kalifornien für eine Berichterstattung über den Heldenpiloten vom Fudschisan.
Patti Harker besuchte täglich ihren Sohn. Sie arbeitete Nachtschicht, um tagsüber bei ihm sein zu können. Sie reduzierte ihre sportlichen Aktivitäten auf wenige Wettkämpfe, die in Los Angeles und Umgebung stattfanden. Sie wollte nicht zu weit weg sein von ihrem Michael. Sie spürte, daß sein Bewußtsein von Tag zu Tag näher an die Oberfläche drang. Sie wollte bei ihm sein, wenn er aufwachte, wenn sein Geist wieder normal funktionierte. Sie mußte bei ihm sein, wenn er nach Antworten suchte auf Fragen, die niemand zu stellen wagte. Wußte ihr Michael überhaupt, was geschehen war? Wußte er ...
Ein steter Abbau der starken Medikamente, gute

Behandlung und strenge Diät hatten ihre Wirkung nicht verfehlt. Langsam erholte sich sein Körper von der schweren Blutvergiftung, kam sein klares Denkvermögen zurück. Mike spürte jedoch, daß etwas nicht in Ordnung war, daß etwas nicht stimmen konnte. Er hatte kein Gefühl. Vom Nabel an abwärts war sein Körper tot. ‚Es wird von den Operationen stammen', beruhigte er sich selbst. Niemand widersprach.

Am 6. August wurde er ins Rehabilitationszentrum des Saint Jude Hospital verlegt, eins der besten ganz Kaliforniens. Dort erwartete ihn ein erfahrenes Team, das schon manchem verzweifelten Menschen geholfen hatte, sein Leben als Paraplegiker zu meistern. Der körperliche Teil der Therapie war harte Arbeit, aber letztlich mehr eine Frage der Disziplin. Sie verlangte von Unfallopfer und Therapeuten enorm viel Kraft und Geduld. Der alles entscheidende Punkt der Rehabilitationsaufgabe aber war die Behandlung der Psyche: Es galt, den Behinderten seelisch und moralisch so zu stärken, daß er trotz allem lernte, sein Schicksal zu akzeptieren, sein Leben zu bejahen.

Die Psychotherapeutin Wendy Saxon hatte Mike seit seiner Ankunft im Saint Jude Hospital betreut und in den letzten Wochen langsam auf die Konfrontation mit der Wahrheit vorbereitet. Zweimal wöchentlich besuchte sie ihn. Er freute sich jedesmal, die hübsche, gleichaltrige Psychologin zu sehen. Die Gespräche mit ihr faszinierten ihn, ebenso die Tests, die auf seinem Rehabilitationsprogramm standen. Einmal ließ ihn Wendy einen Intelligenztest machen und war begeistert: Selten hatte sie einen Patienten gehabt, der sämtliche Fragen richtig und so schnell beantwortet hatte. Das erleichterte vielleicht ihre schwere Aufgabe. Vermutlich war ihr Patient stark genug, den Tatsachen offen ins Gesicht sehen zu können.

Geschickt führte sie eines Tages das Gespräch, ließ ihn über seine letzten Erinnerungen an Grenada sprechen, brachte seine Gedanken schonend auf die Zukunft, die ihm bevorstand. Trotzdem: Als Mike die volle Tragweite seiner körperlichen Verfassung bewußt wurde, packte ihn blankes Entsetzen. So hilflos, so allein gelassen hatte er sich noch nie in seinem Leben gefühlt: Mike Harker, der gefeierte Sportler, der Drachenflug-Pionier, der Rekordhalter des Grand National, war gelähmt. Wie ein Hohn klang die ‚Erfolgsliste' seines letzten Abenteuers: abgestürzt, zerschmettert, ertrunken, vergiftet, klinisch tot und eine Querschnittslähmung als krönende Trophäe. In der Tat: eine nette, bleibende Erinnerung an den 9. April 1977. Bitterkeit kam in ihm hoch, überschattete sein Bewußtsein. Es war ein Gefühl, das er nie zuvor gekannt hatte.
Er mußte etwas sagen. Irgend etwas. Es würgte ihn. Er wollte die ganze Ungerechtigkeit in die Welt hinausschreien, an Wendys Kopf schleudern. Doch bevor er die Worte fand, erinnerte er sich an eine Geschichte: Es war 1955. Mike war acht Jahre alt, hatte seinen ersten Pokal im Wasserskilaufen gewonnen, als das Unglück geschah. Jill Kinmont, die große Hoffnung des amerikanischen Skiverbandes, stürzte während des letzten Qualifikationsrennens für die Olympischen Winterspiele in Cortina d'Ampezzo. Mit 60 km/h schlug die Achtzehnjährige auf die Piste und blieb liegen: für immer gelähmt, von den Schultern an abwärts. Jill aber verlor nie ihren Lebensmut. Sie kämpfte weiter. Sie wurde Lehrerin am Owens Valley Indian Education Center und zum Vorbild vieler, die sich im Rollstuhl täglich gegen Resignation und Hoffnungslosigkeit wehren müssen.
Der Schock der Wahrheit hatte einen Nebel um Mikes Seele gelegt, der sich nur langsam lichtete. Aber ihm

wurde klar, er würde nicht aufgeben. Nie! Wie Jill Kinmont. Auch wenn er einen unendlichen Kampf gegen die Krücken eines Krüppeldaseins führen müßte. Das war er allen schuldig, seiner Familie und seinen Freunden, vor allem aber einer Person: Michael John Harker!

Mike hatte an die Decke gestarrt. Nun drehte er langsam seinen Kopf und schaute in Wendys Augen. Nach einem stummen Moment faßte er den Handgriff, versuchte sich mühsam hochzuziehen. Trotz aller Anstrengung gelang es ihm jedoch nur, die Schultern etwas anzuheben. Schweißperlen rannen von seiner Stirn, als er mit zittriger Stimme sagte:

„Ihr könnt alle glauben, was ihr wollt. Aber ich werde eines Tages wieder Wasserski fahren. Ich werde es beweisen. Ich schicke dir ein Foto!"

Wendy lächelte: „Das freut mich, Mike. Ich danke dir. Und daß du mir ja nicht vergißt, das Foto zu schicken!"

Sie verließ sein Zimmer und wischte sich draußen die Tränen von der Wange. ‚Woher nimmt dieser Mann nur seine Kraft? Vielleicht' – tröstete sie sich –, ‚vielleicht wird er damit sein Leben als Paraplegiker leichter meistern können.'

*

Als Mike am nächsten Morgen aufwachte, wußte er im ersten Moment nicht, war alles nur ein schrecklicher Traum gewesen, oder hatte ihn tatsächlich das andere Schicksal eingeholt? Das andere, unglückliche Schicksal, das immer nur für die anderen Menschen bestimmt war und niemals für einen selber. War es nun da? Hatte es ihn wirklich erwischt? War er jetzt einer von diesen anderen?

Ein schleichendes Gefühl kam auf: Die Ohnmacht der Verzweiflung versuchte von ihm Besitz zu ergreifen,

krabbelte wie eine riesige Spinne über seine Seele, wollte ihn mit ihren Beinen einfangen. Mike spürte, wie sich das Ungeheuer seiner bemächtigte und schrie auf: „Nein! Ich muß hier raus! Raus!!"
Er keuchte, atmete in kurzen Stößen, schwitzte.
„Oh Mann, so nicht. Nimm es leicht. Positiv denken, Positiv denken, Positiv denken."
Langsam beruhigte er sich. Ein neues Bewußtsein verdrängte die dunklen Gedanken: Es wurde ihm klar, daß er nur dann eine Chance hatte, sein Leben in den Griff zu kriegen, wenn er so schnell wie möglich aus dem Krankenbett herauskam. Dazu aber mußte er erst einmal zu Kräften kommen.
Er dachte sich einen Trainingsplan aus: Der Handgriff des Bettgalgens eignete sich vorzüglich, die abgeschlafften Oberarme, die Brust- und Bauchmuskeln wieder aufzubauen. Während jeder Trainingsphase würde er sich ein paarmal hochziehen, von Tag zu Tag mehr und höhere Klimmzüge machen und wöchentlich die Zahl der täglichen Übungen erweitern. Und mehr essen müßte er auch.
„Die werden schon sehen! Mein Handicap ist wie ein Wettkampf: Jeder Sportler muß an sich arbeiten, um zu siegen!"
Was Dr. Mackey und Wendy Saxon zunächst befürchtet hatten, trat bei Mike nicht ein: keine Phase der Apathie, kein Gedanke an Selbstmitleid oder Selbstmord. Er zeigte nur eine geradezu fanatische Verbissenheit, wieder zu Kräften zu kommen.
Was den beiden verborgen blieb, war Mikes innere Unsicherheit. Einerseits hatte er die Wahrheit hinnehmen müssen, andererseits durfte er niemals wahrhaben, ein Gelähmter zu sein.
„Wenn ich diesen Zustand akzeptiere, so ist das Resignation und das Ende jeder Aussicht auf Besserung!"

Er wollte und durfte sich nicht mit seinem Schicksal abfinden.
„Ich muß an die Zukunft glauben. Ich werde wieder wasserskilaufen. Ich werde wieder drachenfliegen. Ich werde es beweisen! Ich werde den Ärzten zeigen, daß sie unrecht haben: Diese Lähmung ist keine Lähmung. Meine Beine werden wieder aufwachen. Ich muß ihnen nur ununterbrochen Bewegungsbefehle senden, irgendwann werden die Impulse zu den Muskeln durchkommen!"
Nach zwei Wochen Therapie eröffneten ihm die Ärzte, daß er durchaus eine Chance habe, eines Tages das Bett zu verlassen, mit einem Rollstuhl mobil zu werden. Positive Motivation nennt man das. Doch für Mike war es nur ein längst gesetztes Etappenziel auf seinem schwersten Grand National.

20

Positives Denken kann enorme Kräfte mobilisieren. Es kann die Nacht zum Tag werden lassen. Und es kann einen Gelämten dazu bringen, an seine Zukunft zu glauben, überzeugt zu sein, daß es aufwärts geht. Mike glaubte an seine Zukunft. Er war überzeugt, den Silberstreif am Horizont eines Tages aufrecht gehend zu erreichen. Als gesunder Mensch, als ganzer Mann.
Trotz allem blieb Mike Harker Realist. Er machte sich ernsthafte Sorgen um seine berufliche und finanzielle Zukunft. Würde er je wieder ganz gesund werden? Der 9. April lag nun schon bald fünf Monate zurück, und noch immer war sein Unterkörper tot. Noch immer hatte er kein Gefühl in den Beinen, spürte nichts, weder Kälte noch Wärme. Die einst kräftigen Oberschenkel waren abgemagert, zu dünnen Ärmchen verkümmert. Die Unterschenkel bestanden nur noch aus Haut und Knochen.
Wenn er in der Therapie seine tägliche Massage erhielt, schaute er dem Masseur verwundert zu, konnte kaum begreifen, daß sich dessen Hände an seinen Beinen zu schaffen machten. Wie lange sollte das noch so weitergehen? Wann endlich würde er wieder etwas spüren in seinen Beinen? War er doch zu optimistisch gewesen? Wie lange konnte er aus der Welt bleiben, bevor man

ihn vergessen hatte?
Gut, Fritz und Ebi riefen gelegentlich an, erkundigten sich nach seinem Befinden, machten ihm Mut. Besonders erfreulich war die Tatsache, daß Ebi die Versicherungsunterlagen in Mikes Wohnung in Nesselwang gefunden hatte. Sie berichteten ihm, daß die Versicherung zuerst gar nicht zahlen wollte. Als aber Ebi mit der „Bild"-Zeitung gedroht hatte, schien sich der zuständige Sachbearbeiter anders besonnen zu haben. Anstandslos sicherte die Hallesche Nationale eine vollumfängliche Kostendeckung zu. Auch die Kosten für den Ambulanzflug und die Überführungen wurden übernommen, eine teure Angelegenheit. – Der Fall Harker sollte die Hallesche im Laufe der nächsten zehn Jahre über 1,5 Millionen Mark kosten.
Mike aber dachte im Moment nicht an Millionen, sondern nur an sein tägliches Brot. Würde er es auch in Zukunft schaffen, selbständig, ohne fremde Hilfe, seinen Lebensunterhalt zu verdienen? Und wenn das Drachenfliegen für ihn kein Geschäft mehr sein sollte, was dann?
„Positiv denken, Mike. Irgend eine Lösung gibt es immer!"

„Wenn er doch nur einmal Schmerzen haben würde", dachte sich Patti. „Es ist so hoffnungslos. Nichts, rein nichts spürt er!"
Trotzdem freute sie sich. Sie konnte miterleben, wie sich Mike langsam erholte, „zumindest die bessere Hälfte", wie er scherzte. Seine Disziplin bei der Therapie und die Unnachgiebigkeit, in jeder freien Minute Krafttraining zu machen, blieben nicht ohne Wirkung: Seine Augen hatten wieder einen natürlichen Glanz.
Als ihr Mike eines Tages stolz vorführte, wie er jetzt

seinen Oberkörper hochziehen konnte, erschrak sie jedoch zutiefst. Manchmal begreift man erst, wie schlimm es um einen Menschen steht, wenn man sieht, wie er trotz großer Anstrengungen nur kleine Schritte macht.
Was sie erschreckt hatte, beruhigte sie aber andererseits: Mike hatte offenbar beim Unfall seinen starken Willen genausowenig verloren wie seinen klugen Kopf. „So wird er immer einen Weg durchs Leben finden, auch als Pflegefall", sagte sich Patti. Diese Erkenntnis half ihr, das Bewußtsein um seine Lähmung etwas leichter zu bewältigen.
Mit etwas anderem jedoch konnte Patti beim besten Willen nicht fertig werden. So nebensächlich es war, es störte sie ungemein: Mike hatte das große Foto aus dem ‚Playgirl'-Magazin in seinem Zimmer aufgehängt. Jedermann konnte es sehen, mußte es sehen, wenn er Mike besuchte. Eines Tages ging Patti entschlossen in die Verwaltung, borgte sich Schere und Klebestift, eilte ins Wartezimmer, schnitt eine Badehose aus einem Modejournal und klebte sie wie ein Feigenblatt auf eine gewisse Stelle des Posters: „So! Das ist privat, mein Sohn!"
Die Story machte die Runde im Saint Jude, alle wollten die Badehose sehen. Sie witzelten, ob der Klebstoff lange halten würde.
Mike kümmerte sich weniger um Kleidungsstücke. Ihm ging es um das, was drinnen stecken sollte: Muskeln, die zum Leben erweckt werden mußten. Jetzt, wo es ihm körperlich etwas besser ging, sollte er täglich zwei Therapien absolvieren. Mike wollte ein Dutzend, stündlich eine, und zwar von morgens um sechs Uhr bis abends um acht. Zweimal eine Stunde Pause waren genug: „Was soll ich sonst im Bett rumliegen?!"
Man einigte sich auf sechs pro Tag, hauptsächlich Übun-

gen im beheizten Schwimmbecken. Mike akzeptierte die Lösung. Er sah ein, man konnte nicht zwei Therapeuten ausschließlich für ihn arbeiten lassen.

Für die Zeit, in der er allein war, hatte er sich Kraftgeräte zugelegt. Das Zimmer 432 glich bald einem kleinen Fitneß-Center, sein Bett einer Kraftmaschine. Der Fortschritt blieb nicht aus, und mit den Oberkörpermuskeln wuchs auch sein Appetit. Chefarzt Mackey war sehr zufrieden:

„Mike, Sie geben wohl nie auf!"

„Nein, Doc. Ich gebe nicht auf. Und wenn man mir sagt, das geht nicht, das kannst du nicht, dann probiere ich es erst recht. Bis es klappt! Ich war als Kind schon so. Zum Beispiel machten wir einmal einen Sonntagsausflug nach Salton Seas. Dort schauten wir den Wasserskifahrern zu. Da sagte jemand: ‚Das kannst du nicht.' Und ich, ein achtjähriger Knirps, antwortete schnell: ‚Klar kann ich das!' Man lachte und schnallte mir ein Paar Skier an die Füße. Das Boot fuhr an, zog mich unters Wasser. Ich kam fast nicht hoch, schluckte und schluckte, aber gab nicht auf. Im Boot riefen sie: ‚Laß los, laß los!' Und je mehr sie riefen, desto fester hielt ich mich am Griff fest. Es war, als ob mein Leben an dem Seil hinge. Und dann, Doc, dann hatte ich gesiegt: Ich stand oben auf, fuhr mit den Skiern über das Wasser – gleich beim erstenmal!"

Dr. Mackey schaute Mike lange an, dann verzogen sich seine Mundwinkel bis zu den Ohren, und er sagte: „Okay, Mike, machen Sie weiter so. Wann immer ich Ihnen helfen kann, sagen Sie es mir bitte!"

„Danke, Doc. Das ist sehr freundlich. Es wird schon gehen. Es geht immer, wenn man ein Ziel vor Augen hat!"

„Waren Sie auch als Schüler schon so zielbewußt?" wollte der Arzt wissen.

„Ja und ob! Aber nicht im Sinne meiner Lehrer. Ich war

zwar sicher nicht der schlechteste Schüler, aber ich hatte nichts anderes im Kopf als Sport. Die Schule war nur die Zeit zwischen Sport und Spiel: die Zeit, die ich still verbringen mußte. Mit dem Essen war es ähnlich. Da mußte ich auch stillsitzen. Das mochte ich nicht. So habe ich von Getreideflocken, Nüssen und Obst gelebt. Mom hatte zwar abends immer für die ganze Familie gekocht. Ich kam aber oft sehr spät vom Strand nach Hause. Ich holte mir dann einen Teller Cheerios, machte die Hausaufgaben und ging schlafen."

„Spät vom Strand zurück? Was haben Sie denn nach der Schule bis abends am Strand gemacht?"

„Well, Doc, der Strand – unser Strand, die Golden Shores von Los Angeles, dort, wo ich mich mit meiner Clique immer getroffen hatte, lag zwölf Meilen vom Wohnhaus in Torrance entfernt. Da bin ich nach der Schule mit meinem Fahrrad hingefahren. Meine Wasserski hatte ich im Schlepp auf einem Anhänger, einem speziellen Einachser, den mir mein Vater gebastelt hatte. Manchmal war niemand da, der mich mit seinem Boot eine Runde geschleppt hätte. So kam es gelegentlich vor, daß ich abends die zwanzig Kilometer wieder zurückradelte, ohne einen Meter Ski gelaufen zu sein. Aber: Ich blieb fit dabei und war außerhalb der Schulstunden jederzeit an der Sonne. Ich war braun gebrannt, daß man mich das Black Sheep, das schwarze Schaf, nannte. Wohl auch, weil ich stets ein Außenseiter war."

„Sie waren ein Außenseiter? Wie kommt das?"

„Ich bin nie auf jemanden zugegangen. Dafür sind die anderen auf mich zugekommen. Auch die Mädchen. Die waren auch willkommen, solange sie gut Baseball spielten oder ihr Rad beherrschten."

„Oder gut schwimmen konnten!" ergänzte Dr. Mackey.

„Ja schon! Aber wir waren nicht nur am Strand. Unser Garten war der Treffpunkt aller Kinder von Torrance.

Wir waren so eine Art Spielzentrum, weil alle anderen daheim keinen Lärm machen durften. Zudem hatte Vater die Fähigkeit, aus den einfachsten Gegenständen großartige Spielsachen zu fertigen. Zum Beispiel baute er aus zwei Transportkisten, mit denen das Matchless-Werk Motorräder aus England geschickt hatte, ein zweistöckiges Fort.
Ein anderes Mal hatte er mit einem alten Motorradmotor ein Raupenfahrzeug gebaut. Tagelang wurde geschraubt und geschweißt. Dann sind wir zum Strand gefahren und haben es ausprobiert: Es hat funktioniert. Die Raupen und die anderen mechanischen Teile sind richtig gut gelaufen. Wir waren stolz, und die Kinder der Nachbarschaft haben gestaunt oder waren neidisch. Sie hatten zwar die neuesten Spielsachen aus dem Laden, aber wir Harker-Kinder spielten mit den interessantesten!
Die Eltern haben uns nie etwas verboten. Sie waren es aus ihren eigenen Kindheitserlebnissen leid, immer nur zu sagen, das ist gefährlich, und dort mußt du aufpassen, und sowas tut man nicht. Im Gegenteil, sie unterstützten unsere Unternehmungen, wo sie nur konnten.
Als ich damals beispielsweise zum erstenmal Wasserski gefahren bin, fanden meine Eltern, daß man mein Talent unbedingt fördern sollte. Schon am Wochenende drauf durfte ich wieder fahren. Irgendwann wurde ich da so übermütig, paßte nicht auf und verlor einen Ski. Aber: Ich bin nicht ins Wasser gefallen! Ich bin auf einem Ski weitergefahren! Alle waren überrascht. Man fuhr damals nur mit zwei Skiern. Vater war begeistert. Sofort baute er mir einen speziellen Monoski, auf dem ich die Füße hintereinander in Gummischlaufen stecken konnte.
Oh, interessiert Sie das überhaupt, Doc?"
„Ja sicher, Mike! Erzählen Sie bitte weiter!"

„Ja gerne. Wissen Sie, mich hatte spätestens zu dem Zeitpunkt das Wasserski-Fieber gepackt. Ich wollte schneller und schneller werden. Doch der Ski kam nicht mit, bremste zu stark. Vater sah sich die Sache genau an und begann wieder mal zu basteln. Das Resultat war schlichtweg eine Sensation. Dank seiner Kenntnisse aus dem Rennbootbau hatte er es geschafft, ein superschnelles Gerät zu bauen, ohne je ein Wasserskirennen gesehen zu haben. Mein Wasserski hatte eine neuartige Finne: Sie war aus Nirosta gefertigt und widerstandsarm im Boden eingelassen. Oben drauf war, aus alten Gummistiefeln geschnitten, eine Vollbindung angebracht, damit ich bei hohem Tempo nicht rausrutschen konnte. Der hintere Schuh war durch eine Unterlage erhöht. So stimmte der Anstellwinkel, die Skispitze schaute immer aus dem Wasser. Vater hatte für mich einen Monoski gebaut und gleichzeitig den Rennski erfunden! Ich war so stolz auf dieses lackierte Ding, daß ich es neben mich legte, wenn ich schlafen ging.
Vater hatte irgendwo gelesen, daß am folgenden Wochenende auf dem Lake Isabella ein Wasserskirennen stattfinden sollte. Am Freitagnachmittag sind wir mit unserem Camper losgefahren. Nach fünf Stunden waren wir dort und übernachteten im Zelt, ich mit meiner hochglanzlackierten Wunderwaffe im Arm. Am nächsten Morgen suchten wir ein Boot. Wir stießen auf Randi Ramos, die Frau des bekannten Rennboot-Herstellers Rudi Ramos, King of Raceboats. Sie fragte nur, ob ich schon einmal ein Rennen gefahren sei. Ich verneinte, worauf sie meinte, okay, probieren wir es erst einmal langsam.
‚Was nur ein Ski?!' Kopfschüttelnd stieg sie in ihr Rennboot und fuhr auf mein Zeichen hin los. Und ich, der kleine Dreikäsehoch, gab immer wieder nur ein Signal, Daumen hoch: schneller!

Nach der letzten Runde ging Randi völlig entnervt an Land und erklärte ihren Freunden: ‚Ich hab den Kleinen mit Vollgas gezogen!' Daraufhin teilte man mich in die Klasse der Neun- bis Zwölfjährigen ein.

Ich gewann mein erstes Rennen, und alle waren begeistert, weil der Kleine mit seinem Einzelski den unbeliebten Favoriten Erikson – ein richtiges Großmaul – mit deutlichem Abstand geschlagen hatte. Es gab ein großes Echo in der Presse. Ich freute mich, man sprach von meinem Sieg – und Vater freute sich, man sprach von seinem Ski.

Das war der Anfang meiner Sportkarriere. Ich hatte den Sieg gerochen, ein berauschendes Gefühl.

Wir Harkers waren zwar immer die Ärmsten bei den Rennen – wir kamen im alten Camper, die anderen im Pontiac; wir trugen abgeschnittene Jeans, die anderen spezielle Rennbootanzüge –, doch wir gewannen alles."

Mike war plötzlich still geworden. Einen Moment lang starrte er geradeaus, dann drehte er sich zu Dr. Mackey, ein Leuchten auf seinem Gesicht:

„Wir haben wirklich alles gewonnen!"

21

Sie war der ganze Stolz des rundlichen Mannes: ‚Cindy', eine schlanke, elegante und vor allem unübersehbare Erscheinung. In Ferrarirot, unterteilt von zwei dünnen, schwarz-gelben Streifen über der Wasserlinie, lag sie am kleinen Steg und dümpelte in den Wellen des Lake Mead bei Las Vegas. Der rundliche Mann im ferrariroten Overall, unterteilt von zwei schwarz-gelben Streifen über der Gürtellinie, schob seine Airforce-Schirmmütze etwas weiter in den Nacken und polierte mit dem Wolllappen die Ansaugstutzen, die wie Entlüftungsrohre eines Ozeanriesen aus dem geschlossenen Deck seiner ‚Cindy' ragten. Bei genauerem Hinsehen konnte man die mächtigen Kompressoren über den Zylinderköpfen ausmachen. Obwohl die Motoren im Leerlauf nur sanft blubberten, erkannte ein Fachmann wie Curly Harker sofort, was da an Urgewalt eingebaut war: zwei supercharged Chrysler Hemi-Motoren, wahrscheinlich mit je 400PS. Faszinierend! ‚Cindy' war genau das Richtige für seinen vierzehnjährigen Mike. Mit 800 PS vor dem Schleppseil würde er seinen Rennski voll ausfahren können.

„He, Mann, ein schönes Boot. Aber wetten wir, daß mein Sohn schneller Wasserski laufen kann, als Ihre ‚Cindy' die Bugwelle hinter sich bringt?"

Der rundliche Mann schaute auf und starrte Curly entgeistert an. Dann zog er sich seine ausgebleichte Schirmmütze in die Stirn, griff zu den beiden Gashebeln und ließ die Motoren für einen kurzen Moment aufheulen.

„Okay, Mann, das wollen wir mal sehen. Aber auf Ihre Verantwortung!" Er versuchte ein cooles Gesicht zu wahren. Trotzdem konnte er ein Grinsen nicht verbergen. Wenn dieser Jeans-Typ wüßte, was sein Hunderttausend-Dollar-Boot leistete, wäre er wohl nicht so vorlaut gewesen! Er ging zum Bug, löste den Tampen, dann zum Heck, um die 75-Fuß-Leine an den Chrommast zu hängen. Er warf Mike das Seilende mit dem Trapezgriff zu und sagte:
„Wann immer du willst, Kleiner. Du weißt schon, Daumen nach unten heißt langsamer!"
Vater und Sohn schauten sich schweigend an. Sie mußten sich beherrschen, um nicht laut herauszulachen. Es hatte wieder einmal geklappt. Man brauchte kein Wasserskiboot zu besitzen, solange man Bootseigner fand, die man bei ihrem Ehrgeiz packen konnte. Der Trick funktionierte immer! So waren Mike, Kelly und Casey schon von Booten gezogen worden, die eigentlich gar keine Wasserskifahrer im Schlepptau haben sollten: Offshore-Rennboote, Hydroplanes, ein Luftkissenboot und ...
Mike legte seinen Monoracer auf das grasbewachsene Ufer. Keine spitzen Steine, die das polierte Unterteil des Skis zerkratzen konnten. Okay, er würde gleich von hier aus starten. Mit genügend Rückenlage konnte er den zu erwartenden Ruck ausgleichen, und der knappe Meter Höhendifferenz zur Wasseroberfläche war nicht der Rede wert.
Mit beiden Händen hielt er den Griff fest und nickte. Die 800 PS der ‚Cindy' röhrten auf, der schlanke Bootskörper kam auf Stufe und schoß gleich einem roten Pfeil davon. Wie von einem Katapult weggeschleudert flog Mike ein paar Meter durch die Luft, ehe sein Ski das Wasser berührte. Schnell bückte er sich, zog mit einer Hand den hinteren Gummischaft hoch und preßte den

Fuß fester hinein. Die Knie eng zusammen, die Arme leicht angewinkelt und etwas Hohlkreuz: So, jetzt kann kommen, was will, dachte er, und zeigte mit dem Daumen nach oben. Ein spürbarer Ruck vom Seil war die Antwort. Die Wasseroberfläche raste jetzt sicher mit 60 Meilen pro Stunde unter ihm vorbei: Daumen hoch. Vaters Ski war für ein ganz anderes Tempo konstruiert. Wann immer der Mann in den Rückspiegel schaute, sah er einen nach oben gekehrten Daumen. ‚Das nennt man standfest. Das machte Spaß. Endlich eine würdige Herausforderung für meine ‚Cindy‘.‘ Die Mütze hatte er längst hinter den Sitz gelegt. Er wollte seinen Talisman aus der Air-Force-Zeit nicht im Lake Mead verlieren. Und der Daumen zeigte immer noch nach oben. Bald würden die beiden verchromten Leistungshebel am Anschlag sein. Achtzig Meilen zeigte der Fahrtmesser. Manifold-Pressure, Öldruck, Zylinderkopftemperatur und Fuel-Pressure – alles im grünen Bereich. Nur die Wellen beunruhigten ihn. Bei diesem Tempo würden sie zu stahlharten Hammerschlägen werden, für die Gelenke des jungen Mannes sicher nicht das Beste. Auch ‚Cindy‘ nahm die rauhe Wasseroberfläche härter als sonst und rüttelte mit erbarmungslosem Stakkato an seiner Wirbelsäule. Er schlug die weiße Ledersitzfläche zurück. Stehend konnte er die Schläge besser verkraften.

Und der Daumen zeigte wieder nach oben. Ein Teufelskerl! Sanft schob er die Hebel bis zum Anschlag. „That's it, baby. Zeig, was du kannst!"

Der Ladedruck beider Triebwerke hatte die Grenze des orangenen Bereichs erreicht, ebenso die Zylinderkopftemperatur. Der Treibstoffdurchfluß zeigte Werte wie seine P-51, wenn er mit Vollgas angegriffen hatte.

94 Meilen pro Stunde: 150km/h! Das reichte! Das war ja beinahe Weltrekord. Er salutierte schneidig. ‚Dieser

Junge hat es in sich', dachte er. ‚Sein Talent und meine ‚Cindy', und wir gewinnen morgen das 75-Meilen-Rennen!'

„Ja gerne, sehr gerne, Sir!" Mike strahlte. Die Geschwindigkeit hatte den letzten Nerv in seinem Körper wachgerüttelt, es war herrlich gewesen. Und nun würde er hinter diesem Boot an den Start gehen. Damit hatte er endlich die Chance, Chuck und Butch, die beiden Champions, zu schlagen.

Curly war auch begeistert. Er konnte seinen Sohn jetzt mit Tom, dem Besitzer der ‚Cindy', allein lassen und sich auf sein eigenes Rennen vorbereiten. Der Außenborder von ‚My Sin' brauchte dringend ein letztes Tuning, wenn er gewinnen wollte.

Es war vier Jahre her, da hatte Mike zum erstenmal an diesem 75-Meilen-Rennen teilgenommen. Chuck Stearns und Butch Petersen waren die großen Favoriten und seine Vorbilder gewesen. Chuck war amerikanischer Meister aller Klassen und damals mit zwanzig genau doppelt so alt wie Mike. Petersen, 22, war der Bodybuilder unter den Wasserskifahrern und fast einen halben Meter größer als der kleine Harker. Mikes Monoski gab ihm leider keinen Vorteil mehr. Die Wasserski-Industrie hatte die Erfindung seines Vaters aufgegriffen, und alle Wasserskiläufer, die was auf sich hielten, fuhren Geräte im Harker-Design. Trotzdem machte das 75-Meilen-Rennen von 1957 große Schlagzeilen. Nicht weil Chuck Stearns in einer sensationellen Zeit von einer Stunde und zehn Minuten gewonnen hatte – das ergab erstmals einen Schnitt von über 100 km/h, sondern weil der kleine, zwölfjährige Michael das Rennen durchgestanden hatte. Butch hatte damals zu Chuck gesagt – sein Vater hatte es gehört: ‚Dieser Junge kann uns noch gefährlich werden!'

Ja, und heute würde er ihnen – seinen guten Freunden –

einmal zeigen können, wie gefährlich er wirklich war. Das Rennen sollte tatsächlich gefährlich werden – lebensgefährlich!
Der Start verlief ohne Zwischenfälle. Butch ging gleich an die Spitze, dicht gefolgt von Chuck und Mike. Mike hatte dies mit Tom so abgesprochen. Butch wolle einen Rekord fahren, hatte man gehört. Also würde sicherlich von Anfang an gutes Tempo gemacht. Man brauchte sich bis zur 50-Meilen-Boje nur hinten dranzuhängen. So mußte man nicht gleich voll angreifen, konnte wertvolle Kondition sparen. Daran sollte nichts geändert werden – es sei denn, bei 35 Meilen wären mehr als 33 Minuten vergangen. Dann müßte man sein eigenes Tempo fahren. So war der Plan.
Nun, Butch fuhr bis zur 65-Meilen-Marke mit knapp 120 km/h schonungslos voraus – der Zeitplan funktionierte. Nun war der Moment gekommen, voll anzugreifen. Mike hob den Daumen und spürte fast gleichzeitig den stärkeren Zug auf dem Seil.
Sagenhaft, was die beiden Chrysler-Motoren bei diesem Tempo noch an Kraft aufbringen konnten.
Langsam näherte sich das Gespann von hinten und überholte Chuck, der im gleichen Augenblick den Daumen hob. Auch das Boot von Butch beschleunigte. Offensichtlich hatte sein Beobachter aufgepaßt. So dauerte es eine ganze Weile, bis sie Butch eingeholt hatten. Doch dann kam die nächste Boje. Sie waren eben an der Außenseite ihrer Gegner, als ‚Cindy' mit achtzig bis neunzig Sachen um die Boje drehte. Mike erlebte eine gewaltige Beschleunigung, eine Art Schleudereffekt am Ende des Schleppseils, weil er im gleichen Zeitraum fast die doppelte Strecke seines Bootes zurücklegen mußte.
Da passierte es: Ein Boot, das sie bereits zum zweitenmal überrundet hatten, schoß, außer Kontrolle geraten, hinter dem Heck der ‚Cindy' in Richtung Ufer, genau

vor die Füße von Mike. Tom gefror das Blut in den Adern, als er durch den Rückspiegel erkannte, daß Mike im nächsten Augenblick mit an die hundertfünfzig Kilometer pro Stunde in dieses Boot hineinrasen würde. Machtlos war er dem Schicksal ausgesetzt, hatte selber keine Möglichkeit mehr, das Unglück zu verhindern. Und für Mike war es zu spät, loszulassen oder abzudrehen. Doch nichts geschah, kein Knall, kein splitterndes Holz, kein Reißen an der Leine, nur – durch das Dröhnen der Motoren hindurch – schwach vernehmbar – ein Gebrüll: ein Freudengeschrei aus dem Boot von Butch. Was war geschehen? Tom konnte es sich nicht erklären. Doch Mike war im Rückspiegel zu sehen, aufrecht wie immer, den Daumen nach oben!
‚Cindys' Captain schob die Gashebel um fünf Zoll Ladedruck nach vorne. Was auch immer passiert war, jetzt galt nur noch eins: Blick nach vorne, siegen!
Sie gewannen das Rennen mit neuer Rekordzeit von einer Stunde und acht Minuten. Mike erhielt einen riesigen Pokal, und Tom freute sich: ‚Cindy was a winner, und Mike war ein Klasse-Typ!' Er erinnerte ihn an alte Zeiten, wo er mit seinem Staffelkameraden die verrücktesten Dinge geflogen war. Hatte der Teufelskerl doch auf seine brennende Frage, wie er dem Boot ausweichen konnte, nur knapp geantwortet: ‚Bin drübergesprungen.'

„Wie bitte, Mike? Sie sind über das Boot gesprungen. Mit hundertfünfzig Kilometern pro Stunde einfach über ein anderes Boot gesprungen?! Ja, wie denn?"
Dr. Mackey hatte schon einiges in seinem Leben erlebt und vieles gehört. Aber das hier ...
„Wissen Sie, Doc, einfach so hätte ich das auch nicht geschafft. Aber, ich war vorbereitet. Ja, vorbereitet! Ich

hatte mir immer wieder ausgedacht, was alles passieren konnte bei so einem Rennen. Unter anderem stellte ich mir auch die Situation vor, wenn plötzlich ein Hindernis auftaucht. Drüberspringen war die einzige Lösung, die ich mir ausdenken konnte."

„Und wie schafft man das?"

„Kein Problem. Ab sechzig Stundenkilometer wird jede kleine Welle zu einer Sprungschanze! Das Besondere an diesem Sprung war nur, daß ich die Kreuzungsradien meines Kurvenbogens und die des anderen Bootes abschätzen mußte, um zur richtigen Zeit zu springen. Wäre unangenehm gewesen, auf dem anderen Boot zu landen und den Sieg zu verpassen!"

„Da werdet ihr an diesem Sonntagabend zu Hause wohl groß gefeiert haben."

„Ja, das haben wir! Aber nicht wegen meines geglückten Hochsprungs. Auch Vater hatte ‚My Sin' zum Sieg geführt, und als wir mit unseren beiden Pokalen freudestrahlend nach Hause kamen, winkte uns Mutter mit ihrem Pokal durch das Küchenfenster. Sie hatte die amerikanische Damen-Motorradmeisterschaft gewonnen, und Casey und Kelly waren kurz zuvor beim Rollschuh-Schnellauf kalifornische Meister ihrer Klassen geworden. Da lachten wir alle zusammen: Was für eine verrückte Familie!"

22

Es war Balsam für die Seele. Mike hatte nach dem langen Gespräch mit Dr. Mackey herrlich geschlafen. Die wachgewordene Erinnerung an die Erfolge vergangener Zeiten gab ihm die Zuversicht, auch im Wettkampf gegen seine gefühllosen Beine gewinnen zu können. Vergessen war an jenem Abend, daß ihm etwas anderes – je länger desto mehr – ernsthafte Sorgen bereitete: Die Nieren schienen stärker geschädigt zu sein, als man anfangs geglaubt hatte. Auch das noch! Trotzdem war Mike nicht unglücklich. Sein Muskeltraining machte große Fortschritte. Der Oberkörper hatte wieder ansehnliche Dimensionen und einen gesunden Härtegrad erreicht. So konnte er sicherlich bald mobil werden. ‚Ein bißchen Geduld, es wird schon!'
Mike hatte Post bekommen: zwei Briefe. Peter Steinebronn von Head Sportswear hatte geschrieben. Der Hauptsponsor des Zugspitzfluges teilte ihm mit, daß sie alle mit ihm fühlten. Er solle sich der Zukunft wegen keine Sorgen machen. Head hätte immer einen Platz für ihn, in der Firma oder im Außendienst.
Der zweite Brief kam aus Wiesbaden, vom Zweiten Deutschen Fernsehen, Chefredaktion Sport:
„Lieber Mike,
was machst Du nur für Geschichten? Fällst vom Himmel und dann, Gottlob, ins Wasser. Ich habe das alles erst jetzt erfahren und wünsche Dir von hier aus von Herzen recht baldige und völlige Genesung. Rufe doch an, wenn Du wieder in Deutschland bist, viel-

leicht können wir dann aus gutem Anlaß mit dem unverwüstlichen Mike eine Sendung machen.
Mit besten Grüßen Harry Valérien"
Nachdem er diese Briefe gelesen hatte, fiel eine schwere Last von seinem Herzen. Wie gut das tat: zu wissen, daß er gebraucht wird, zu wissen, wo er hingehörte. Er spürte, seine Zukunft lag in Deutschland. Er mußte zurückkehren, so schnell wie möglich, zu seinen Freunden, zu den Flugschulen, zu Fritz und Ebi. Vielleicht, daß die beiden die renommierte Klinik im Allgäu kannten, von der er mal gehört hatte. Wäre schön, wenn er da hinkönnte. Die finden sicher einen Platz. Seine Wohnung hatten sie wunschgemäß aufgelöst – damit er nicht weiter Miete zu zahlen brauchte – und seine Habseligkeiten samt Dodge in den Hof der Drachenbaufirma gestellt.
Sorgfältig legte Mike die beiden Schreiben in die Schublade zu einem anderen Brief, der ihm viel bedeutete. Patti hatte ihm den Umschlag überreicht, als er, wie sie sagte, wieder normal denken konnte. Es war das Schreiben von Raimund Harmstorf, das er am Tag vor Mikes „Kidnapping" in Barbados geschrieben und Captain Heasley mitgegeben hatte. Es endete mit den Worten:
„... Dich gesund wiederzusehen, hält die Hoffnung wach, daß Du es schaffst, durch alle brutalen Schmerzen durchzukommen. Dein Freund Raimund"
‚... durch alle brutalen Schmerzen durchzukommen!' Mike hoffte, daß er endlich Schmerzen haben würde. Wo etwas weh tut, ist Leben. Nur tote Wunden schmerzen nicht.
Die Wochen vergingen. Und keine Schmerzen kamen. Doch Mike ließ nicht locker, ging mit unveränderter Disziplin zur Therapie – schaffte drei- bis viermal soviel wie andere Patienten – und schwitzte sich durch sein privates Muskeltraining. Ein großes Erfolgserlebnis war

für ihn, als er sich zum erstenmal – ohne fremde Hilfe! – bewegen konnte. Auf dem Bauch liegend, steuerte er sein Rollbett durch das Haus. Das gefiel ihm. Es war, als wenn er drachenfliegen würde: auf dem Bauch liegend die Gegend erkunden.

Diese neuerworbene Mobilität ermöglichte ihm, eine Psychologie-Klasse zu besuchen, die Wendy leitete. Etwas enttäuscht mußte er allerdings feststellen, daß ihm der Unterricht nicht helfen konnte und ihn nur vom Training abhielt. Mike brauchte keine mentale Hilfe. Er hatte sein Ziel und wußte, was er wollte. Um so tragischer empfand er es, mitansehen zu müssen, wie andere aufgegeben hatten. „Auch starke Sportler!" Diese Einstellung konnte er nicht begreifen. Er würde weiter trainieren. So lange, bis endlich Leben in seine schlafenden Körperteile zurückkam.

Eines Tages geschah das Unfaßbare. Er lag in seinem Bett, im Gipskorsett. Sein Knie begann zu jucken. Unangenehm! Er wollte kratzen, kam aber mit seiner Hand nicht hin. Da zog er das Knie zu seiner Hand hoch. Und plötzlich schrie er auf! Er hatte begriffen! Er schrie und lachte:

„Das Knie, das Knie, ich hab das Knie bewegt! Mein Knie lebt!"

Ein paar Minuten später stürmte Dr. Mackey zu ihm ins Zimmer. Kein Zweifel, Mike spürte sein Knie! Lange schaute er den jungen Mann an, brachte aber kein Wort heraus. Es war auch nicht nötig; sie hatten sich verstanden.

Am 31. August 1977 wurde Mike Tagespatient. Bis zu seiner Rückkehr nach Europa lebte er bei seiner Schwester in Westminster. Casey war überglücklich, für ihren großen Bruder etwas tun zu dürfen. Endlich brauchte er

sie und war nicht zu stolz, ihre Hilfe anzunehmen. Fürsorglich pflegte sie ihn, brachte ihn jeden Morgen ins Saint Jude zur Therapie, holte ihn abends nach ihrer Arbeit wieder ab: zwanzig Kilometer hin, zwanzig Kilometer zurück.

Mitte September reiste Dr. Mackey nach Europa. Er machte einen Abstecher in das Kurzentrum Enzensberg im Allgäu. Mike wollte unbedingt dort hin zur weiteren Behandlung. Fritz und Ebi hatten ihm die Klinik vorgeschlagen, wahrscheinlich war es das Haus, von dem Mike schon gehört hatte. Es konnte für sich den besten Ruf beanspruchen und war zudem nur vierzehn Kilometer von Seeg entfernt. Mackey besichtigte vor allem die Fachklinik und die Therapie-Einrichtungen, sprach mit den Ärzten und war sehr zufrieden. Am 23. September wurde Mike aus dem Saint Jude Hospital entlassen, am nächsten Tag flog er samt Rollstuhl nach München.
Dr. Mackey holte ihn am Flugplatz ab. Doch statt direkt nach Enzensberg zu fahren, machte er einen kleinen Umweg über Schwangau. Mike freute sich wie ein kleines Kind: Sie würden zum Tegelberg fahren, seinem ‚schönsten europäischen Flugberg'. Und siehe da, große Überraschung: Vom 21. bis 29. September wurden dort die Europameisterschaften ausgetragen. Die gesamte Drachensport-Elite war anwesend. Ebi war Wettkampfleiter, Fritz aktiver Pilot (zum großen Stolz seines Lehrers gewann er die Bronzemedaille in der Klasse I). Mike war glücklich: Hier gehörte er hin. Hier war sein Leben.

Mackey schaute sich die Szene an, sah, wie Mike von allen Piloten mit großer Freude und Respekt begrüßt wurde. Da verstand er plötzlich, warum es seinen Lieblingspatienten mit aller Kraft zurück nach Europa gezogen hatte: Sollte Mike tatsächlich eine Chance auf Besserung haben, dann hier, im Kreis seiner Freunde. Doch auch Dr. Francis G. Mackey hätte damals nie geglaubt, was Mike aus seiner kleinen Chance machen würde.

23

In wenigen Minuten würde er Mike wiedersehen. Er freute sich. Beim Ortseingang von Hopfen schaltete Raimund in den dritten Gang zurück, schob die Fliegerbrille auf den Helm und zog den Seidenschal vom Gesicht. Zum Abschluß der langen Reise ließ er seine schwere BMW gemütlich die letzten Kurven nach Enzensberg hinaufrollen. Vor der Kurklinik stellte er die R 100 RS ab, legte den Helm auf den Sitz und ging durch die Glastür zum Empfang.
„Guten Tag! Auf welchem Zimmer liegt Herr Harker?"
Die Empfangsdame schaute zweimal auf den großen Mann im Lederanzug und lächelte:
„Herr Harmstorf?! Grüß Gott! Mike Harker hat das Zimmer 270. Ich ruf gleich mal an."
Sie wählte, aber niemand meldete sich.
„Es ist kurz vor zwei Uhr, wahrscheinlich wird er mit dem Rollstuhl unterwegs sein."
„Unterwegs?"
„Ja, Herr Harker pflegt anstelle der verordneten Mittagspause mit dem Rollstuhl in der Gegend rumzufahren. Training, immer Training, wissen Sie! Wenn Sie hier warten, werden Sie ihn nicht verpassen. Um zwei Uhr hat er wieder Therapie."
Raimund Harmstorf bedankte sich. Er setzte sich draußen auf eine der Bänke und betrachtete die Gegend: die sanften Hügel, die vereinzelten Gehöfte am Rande von kleinen Wäldern, der Hopfensee im Süden und im Osten der Forggensee. Dahinter, steil in den Horizont ragend,

das Ammergebirge, der Beginn der Alpen – die heile Welt des Ostallgäus. ‚Vielleicht ist hier tatsächlich der beste Ort, um Mike helfen zu können ...'
„Raimund!!"
Ein erfreuter Ruf hallte von der Straße her. Harmstorf drehte sich um und sah, wie sein Freund mit kräftigen Armstößen den letzten Anstieg nahm, den Rollstuhl im Eiltempo auf ihn zusteuerte. Er war aufgestanden, ihm ein paar Schritte entgegengegangen, und nun bückte er sich, faßte Mike mit beiden Händen am Kopf:
„Mike! Du siehst prächtig aus!" Er verbarg seine schmerzliche Berührung, als er die spindeldürren Beinchen sah.
„Ich freu' mich, daß du hier bist! Wie geht es dir?"
„Du bist gut, Mike. Fragst mich, wie es mir geht. Wie geht es dir?"
„Ganz gut! Ich mache große Fortschritte. Ich habe schon probiert, mit Krücken zu gehen: Ist noch ein bißl wacklig! Aber ich bin zufrieden!"
Seine Stimme klang so zuversichtlich, daß sich Raimund täuschen ließ. Mike wollte das so. Kein Mensch – auch nicht sein bester Freund – durfte erfahren, was in ihm vorging, welche Sorgen er sich machte. Niemand sollte ahnen, daß er sich durchgerungen hatte, schwerwiegende Konsequenzen aus seiner Situation zu ziehen. Oh ja, es ging ihm verhältnismäßig gut. Sehr gut sogar, wenn er in Betracht zog, daß er eigentlich tot sein müßte. Aber er wußte, die Besserung seines Gesundheitszustandes machte nur sehr, sehr langsame Fortschritte.
Die Muskeln konnte er mit Willenskraft hart trainieren. Die Genesung seiner zerfetzten inneren Organe aber war keine Frage des Willens, schon eher eine Sache des Glaubens. Niemand hatte es ihm gesagt, trotzdem ahnte er: Es würde noch viele Jahre dauern, bis er wieder

einigermaßen sicher auf seinen eigenen Füßen stehen konnte.
Seine Beine würden ihn zwar bald tragen können, dessen war er sich sicher. Doch hieß das noch lange nicht in der Lage zu sein, von dem Moment an auch ein freies, unabhängiges Leben zu führen. So hatte er entschieden, seine Zukunft nicht mehr im Drachenflugsport zu suchen.

Es war eine schmerzliche Wahl, die all seine beruflichen Hoffnungen zunichte machte und auch Folgen haben mußte, was die Beziehung zu Fritz und Ebi betraf. Zudem verlangte dieser Schritt auch nach einer völlig alternativen beruflichen Lösung. Fragte sich nur, was. Mike hatte keine Ahnung, und das bedrückte ihn bald mehr als das Problem seiner körperlichen Verfassung. Er wußte lediglich, daß er seinen Lebensunterhalt selber verdienen mußte. Die Versicherung zahlte zwar alle medizinischen Kosten. Das Tagegeld aber reichte gerade für eine Brotzeit.
„Kommst du mit in die Therapie? Ich habe isometrische Übungen, da können wir ungestört miteinander reden. Es gibt sicher viel zu erzählen", sagte Mike betont fröhlich.
Geschickt drehte er seinen Rollstuhl Richtung Eingang. Raimund ging nebenher und staunte über das, was er zu hören bekam: Sechs Monate nach dem fatalen Unfall war sein Freund wieder bei guter Laune, zuversichtlich und anscheinend voller Pläne für die Zukunft.
Der von den Ärzten in erster Instanz zum lebenslänglichen Pflegefall verurteilte Paraplegiker war selbständig mit seinem Rollstuhl unterwegs. Er sprach von den Krücken, die er bald benutzen wollte, als ob auch sie nur eine Übergangslösung für bessere Zeiten darstellten: ein Wunder!

„Raimund, ich dachte, du bist in Rom, drehst mit Bud Spencer?"

„Stimmt. Wir haben ein paar freie Drehtage. So bin ich mit meiner BMW heute früh von der Cinecittà weggefahren, um dich endlich wiederzusehen. Wirst du hier auch gut versorgt? Kümmern sich deine beiden Freunde um dich? Eberhard und Fritz, nicht wahr? Ich habe mit ihnen in Grenada und Barbados telefonischen Kontakt gehabt."

„Sie kommen oft von Seeg rüber, besuchen mich fast täglich. Renate, die Schwester von Fritz, macht meine Wäsche. Richtig lieb. Ich weiß gar nicht, wie ich ihnen danken soll!?"

„Nachdem, was du mir über eure Unternehmungen alles erzählt hast", entgegnete Raimund, „kann ich mir vorstellen, daß sie dir gerne helfen, vielleicht froh sind, etwas für dich tun zu dürfen. Weißt du, es ist immer schwieriger, ein Geschenk anzunehmen, als eins zu machen."

„Glaubst du? So habe ich das noch nie gesehen. Wahrscheinlich hast du recht. Ich werde darüber nachdenken", sagte Mike. „Weißt du was? Wir rufen die beiden an. Vielleicht kommen sie hierher. Dann kannst du sie auch mal persönlich kennenlernen."

„Gute Idee! Es würde mich freuen. Übrigens, hast du etwas von Morayma gehört?"

„Ja, sie war vor ein paar Tagen hier und hat sich riesig darüber gefreut, daß es mir gut geht, daß meine Lebenskraft so gestiegen sei, wie sie sich ausdrückte. Sie wurde nur traurig, als sie nach meinem Talisman fragte. Irgend jemand muß mir den goldenen Ikarus vom Hals abgenommen haben, als ich bewußtlos war."

Mike hatte den Rollstuhl bis ins Therapielokal gefahren. Dort half ihm der Krankengymnast Gerhard Axnick auf die ledergepolsterte Plattform. Er legte die ‚Haut-und-

Knochen-Beine' in Schlaufen und fixierte sie mit verstellbaren Bändern an einem Traggestell. Während er Mike mit isometrischen Übungen und dynamischer Muskelarbeit behandelte, erzählte Harmstorf, was vom Unfalltag an bis zum „Kidnapping" auf Barbados alles geschehen war.

Mike hörte gebannt zu. Das war alles neu für ihn. Er wußte nichts: Die Zeit vom 9. April bis Mitte Juli war für ihn tot. Sein Gedächtnis hatte nur die Sache mit den Raucherfingern und dem japanischen Fernsehteam registriert.

„Das Letzte, woran ich mich erinnern kann, ist der Start – meine Füße berührten noch einmal die Wasseroberfläche – danach kommt nichts. Nichts! Die ersten schwachen Erinnerungen stammen aus dem Saint Jude Hospital. Dort muß mein Kopf wieder angefangen haben, normal zu arbeiten. Übrigens vielen Dank für deinen Brief. Die brutalen Schmerzen, die du erwartet hast, sind leider nie gekommen!"

„Dafür quälst du dich hier, bis du vor Erschöpfung Schmerzen hast!" unterbrach ihn Axnick. „Was Mike hier mit seinem Willen erreicht hat", wandte sich der Krankengymnast an Harmstorf, „ist ein wahnsinniger Erfolg!"

Patienten mit ähnlichen Beschwerden würden höchstens zwei Therapien pro Tag durchstehen, erklärte Axnick. „Mike aber hält sich von morgens bis abends ständig im Medizinischen Institut auf. Dreimal täglich macht er die volle Prozedur: acht bis neun Stunden Reizstrombehandlung, isometrische Übungen, Unterwasser-Bewegungstraining bis zur völligen Erschöpfung. Gehversuche bis zum Umfallen. Und wenn der Einsatzplan eine Pause vorsieht, ist er in seinem Zimmer und trainiert mit den Hanteln!"

Axnick klopfte Mike freundschaftlich auf den Oberarm.

„Daß du dich brav an die Mittagsruhe hältst, wissen wir alle. Muß wohl ein Doppelgänger sein, der täglich in der Mittagszeit fünf Kilometer Rollstuhl fährt!"

„Fünf Kilometer?!" Harmstorf staunte nicht schlecht.

„Meistens verzichte ich deswegen auf das Mittagessen!" sagte Mike. „Am Wochenende fahre ich jeweils nach Füssen, sieben Kilometer hin und sieben zurück: Ich muß meinen Oberkörper stärken, damit ich aus dem Rollstuhl an die Krücken komme. Da braucht man viel Kraft, um mit den Armen seine Beine tragen zu können."

„Und wie steht es mit dem Drachenfliegen?" fragte Harmstorf.

„Zum Fliegen brauche ich meine Beine nicht. Da genügt ein starker Oberkörper. Für den Start gibt es Plätze, zum Beispiel in Küstengebieten, wo recht starker Wind so gleichmäßig und unverwirbelt den Startplatz hochkommt, daß man ohne einen Schritt zu tun in die Luft gelangen kann. Das ist eine ganz lustige Startart. Man hängt sich mit seinem Gurt an den Drachen. Aber anstatt ihn hochzuheben und loszulaufen, legt man sich auf den Boden. Ein paar Freunde halten das Gerät fest, damit es vom starken Wind nicht umgeworfen wird. Wenn der Pilot startbereit ist, dann hebt man die Drachennase etwas an, das Segel füllt sich, beginnt zu tragen. Auf ein Zeichen des Piloten lassen sie vorne und auf der Seite gleichzeitig los. Der vierte Mann am hinteren Ende des Kielrohrs gibt einen kräftigen Schubser, hopp, und weg ist man. Kein Schritt, keine Anstrengung, keine Gefahr. Das macht richtig Spaß! Und landen kann man auf Rädern: Der Pilot richtet sich nicht auf, sondern bleibt in seinem Gurtzeug liegen. Er fliegt gegen den Wind an, setzt sanft auf und rollt aus. Dabei schleift das Kielrohrende am Boden und bremst ab. Es ist fast wie mit einem kleinen Spornrad-Flugzeug!"

Mike drehte sich und zeigte zum Fenster raus auf den Tegelberg: „Ob ich je wieder da drüben starten und über das Schloß Neuschwanstein schweben kann, das weiß ich heute nicht. Sicher ist nur: Der Wunsch zu fliegen ist unendlich groß!"

24

Mike hatte schlecht geträumt und war aufgewacht. Ein Novembersturm jagte über das Allgäu, rüttelte am Fenster. Schlaftrunken schaltete er das Licht an und suchte nach dem Buch, das im Nachttisch liegen mußte. Die Schublade klemmte. Mike zog etwas stärker, verlor das Gleichgewicht und fiel aus dem Bett. Ohne sich abfedern zu können, knallte er auf den Fußboden, daß es nur so krachte. Was aber wirklich lärmte, war der Nachttisch, den er mit sich gerissen hatte.
„Oh, shit!"
Die Nachtschwester kam hereingestürzt. Sie hatte ihre Runde gemacht und den Krach gehört.
„Mike, hast du dir weh getan?"
„Nein, nein. Ist alles in Ordnung. Es tut nichts weh!"
„Mike, bitte, sag die Wahrheit. Ich seh' dir doch an, daß du Schmerzen hast!"
Sie half ihm ins Bett, und während sie aufräumte, fragte sie noch einmal besorgt: „Soll ich nicht doch einen Arzt rufen?"
Mike versuchte zu lächeln: „Bitte nicht! Es geht schon. Man kann nicht wegen jeder Kleinigkeit gleich einen Arzt aufwecken. Was wirklich weh tut, ist nicht die Hüfte, sondern die Tatsache, daß ich immer noch so hilflos bin. Das ist es, was schmerzt. Und da kann auch kein Arzt helfen. Da muß ich allein drüber wegkommen."
Mike schloß seine Augen und sprach wie zu sich selbst: „Ich muß auch endlich damit fertig werden, daß ich

manchmal ein so dumpfes Gefühl habe, wenn ich an die Zukunft denke. Es kommt mir vor, als wenn ich einsam auf einem Berggipfel stehe: Der Wind kommt von der verkehrten Seite, und ich muß trotzdem starten, weil das Leben wartet."

Es schauderte ihn. Die Nachtschwester deckte ihn zu und zog die Bettdecke bis zum Kinn. Dann setzte sie sich auf den Bettrand. Mit einem Tuch wischte sie den kalten Schweiß von seiner Stirn.

„Du wirst doch auch dann einen guten Flug machen können, wenn der Start schwierig ist", versuchte sie ihn zu trösten. „Komm, erzähl mir etwas aus deinem Leben. Du hast bestimmt viele schöne Erinnerungen. Und was in der Vergangenheit war, kann doch auch wieder Zukunft werden! ... Nein? Komm, Mike, erzähl! Was hast du in deinen Ferien gemacht? Warst du in einem Ferienlager? – Erzähl, oder habt ihr gar keine Schulferien in Amerika?"

Mike gab sich geschlagen: „Doch, doch. Im College hatten wir fast drei Monate Sommerferien. Da war ich in einem Lager, einem Sommercamp. Es war sehr schön."

✼

Mike kam mit einem guten Highschool-Zeugnis nach Hause. Curly war begeistert und löste sein Versprechen ein: Er bezahlte eine Busreise (‚wohin du willst!') und spendierte hundert Dollar Taschengeld. Nur ja nicht zuviel, damit sein sechzehnjähriger Sohn auch bald wieder mit zu Hause Kontakt aufnahm: ‚Und wenn du Geld brauchst, ruf' an!'

Mike fuhr mit dem Greyhound-Bus zum Clearlake nördlich von San Francisco. Er hatte dort Freunde, die ebenfalls begeisterte Wasserskiläufer waren. Gemeinsam wollten sie die Sommerferien verbringen. Drei Wochen später telefonierte Mike mit seinem Vater.

„Hallo, mein Sohn! Brauchst du Geld?"
„Nein, Vater, ich ruf nur mal so an, um zu sagen, daß es mir gut geht!"
„Du brauchst kein Geld??"
„Nein, ich hab' 250 Dollar in der Tasche!"
„250 Dollar? Wie ist das möglich?"
„Zuerst habe ich die Fassade eines Hauses neu gestrichen, und seit zwei Wochen verdiene ich gutes Geld mit dem Reinigen von Booten!"
Er erzählte, daß die vielen Algen des Clearlake den Bootsbesitzern arg zusetzten. Mike erkannte die Marktlücke und das Problem, tüftelte an einer Lösung, hatte eine Idee und ging ans Werk. Er bastelte einen Spezialschnorchel und stellte aus drei Bürsten eine große Schrubbfläche her. So ausgerüstet, befreite er unter Wasser die Bootsrümpfe vom bremsenden Filz. Die Besitzer waren sehr zufrieden. Gerne zahlten sie die gewünschten zehn Dollar pro Boot.
„Okay, Mike, find' ich stark! Nur, ich hab noch was Besseres für dich. Chuck Stearns hat dich der Besitzerin des Gold Arrow Camps empfohlen: Sie sucht einen Leiter für die Wasserskischule!"
Einen Tag später meldete sich Mike im Camp am Huntington Lake. Der See liegt auf 5700 Fuß, genau eine Meile über dem Meer. Hier, in unberührter Natur, nördlich von Fresno in der Nähe des Yosemite-Nationalparks, findet jeweils im Juli und August eines der gefragtesten Ferienlager für Jugendliche statt. Obwohl nur in spartanischen Hütten geschlafen wurde – auch gab es meilenweit keinen Laden, keine Gaststätte und erst recht kein Kino –, war das Gold-Arrow-Sommercamp stets ausgebucht: Die Stars von Hollywood, die Produzenten und Millionäre sandten ihre Kinder in die einsame Wildnis.
Das Camp genoß den Ruf, stets hervorragende Sport-

lehrer – die besten Kaliforniens – zu haben. Zum zweiten waren die Kinder hier völlig inkognito, ohne Status, ohne Hierarchie. Wer sich nicht bereits kannte, wußte nicht, wer der andere war: Man sprach sich nur mit Vornamen an, Lehrer wie Schüler – und zum dritten glaubten viele erfolgreiche Amerikaner, daß es ihrem Nachwuchs guttäte, ein bißchen vom rauhen Leben ihrer Planwagen-Vorfahren kennenzulernen. Wenigstens für zwei Wochen, zur Sommerzeit, fern von den Schneestürmen, die manchem Treck der Altvordern beim Queren der Sierra Nevada zum Verhängnis wurden.
Gold Arrow war ‚in' und Mike mit von der Partie. Die Wasserskischule des Camps befand sich in einer milderen Gegend, auf einer kleinen Insel mitten im relativ warmen Lake Shaver, eine halbe Autostunde vom Hauptcamp entfernt. Die Bewohner einer der spartanisch eingerichteten Hütten – es waren jeweils zehn bis fünfzehn Jugendliche plus Leiter – kamen abwechselnd für ein paar Tage auf die Insel, um Wasserskilaufen zu lernen. Man schlief dort nur im Zelt, fürs Licht sorgten Gaslampen, für den Magen war Joe, ein Schwarzer, zuständig. Er kochte auf einem Holzkohleherd. Abends wurde ein Lagerfeuer entfacht, man sang und erzählte Geschichten; es war richtig romantisch.
Die Lagerleitung hatte Mike gebeten, sein Alter zu verschweigen oder zu sagen, daß er neunzehn sei. Er war der jüngste Lehrer, seine Schüler waren gleichaltrig, zum Teil auch zwei bis drei Jahre älter. So weit war alles nach seinem Geschmack, nur fand er es schade, daß ausschließlich Boys das Camp bevölkerten.
Als in der ersten Augustwoche der Gold-Arrow-Bus die Neuen zum Landungssteg brachte, staunte Mike nicht schlecht: Mädchen! Eines schöner als das andere. Joe klärte ihn auf: ‚Im Juli Boys only – im August nur Girls!'
Und es geschah, was passieren mußte: Eins der Mäd-

chen verliebte sich in Mike. Sie hieß Cherry und setzte alles daran, die ganze Campzeit auf der Insel bleiben zu können. Als sich die zweite und letzte Ferienwoche dem Ende näherte, telefonierte sie mit ihrem Vater in Hollywood:
„Daddy, ich bin glücklich hier! Ich möchte bis Ende August bleiben!"
Daddy hatte Verständnis, versprach, einen Tagesausflug zum Camp zu machen. Dann könne man alles in Ruhe besprechen.
Auf der Fahrt zurück zum Landungssteg schmiegte sich Cherry an Mike: „Daddy kommt! Ich bin sicher, daß ich noch mal zwei Wochen bleiben darf. Ich bin so happy!"
Cherrys Vater kam, und Mike staunte zum zweitenmal: Daddy war Pat Boone, der Sänger. Auch Pat zeigte sich angenehm überrascht. Mike war ein hübscher, sympathischer Sportler, einer von der Art, die einem offen ins Gesicht schauten. Kein Wunder, daß seine Tochter happy war.
Pat Boone gefiel das Leben am Lake Shaver so gut, daß er im nächsten Ort ein Zelt und ein paar T-Shirts kaufte und mit seiner Frau eine ganze Woche auf der Insel blieb.

„Habt ihr euch später wiedergesehen?" wollte die Nachtschwester wissen.
„Ja, ich bin gelegentlich zu ihnen nach Hollywood gefahren. Wir wurden gute Freunde, sind es bis heute geblieben, auch wenn wir uns seit langem nicht mehr gesehen haben."
„Hast du viele Sommer am Lake Shaver verbracht?"
„Nein, nur zwei. 1966 war die Weltausstellung in San Antonio, Texas. Dorthin hatte mich die Firma Mercury für den ganzen Sommer engagiert. Auf einem künstli-

chen See führten sie ihre Außenbordmotoren vor. Ich hatte einen schönen, aber harten Job, spielte den Clown, der zur Erheiterung der vielen Besucher die dümmsten Sachen anstellte. Zum Beispiel sprang ich mit einem Außenborder über die Schanze oder fiel aus dem Boot und tat so, als ob ich mich in letzter Sekunde an einem Seil halten konnte. Dann stellte ich mich auf die Füße und drehte barfuß eine Runde. Es war sehr anstrengend, aber es hat Spaß gemacht, und ich verdiente gut. Übrigens: Pat Boone hatte in San Antonio eine Gala. Ich durfte zu ihm auf die Bühne."
Die Schwester war froh, daß Mike auf andere Gedanken gekommen war, und fragte: „Wie schnell muß das Boot sein, damit man barfuß ‚Wasserski' laufen kann?"

„Bei meinem Gewicht mindestens 60 Kilometer pro Stunde."

„Ist es dann nicht gefährlich, bei dem Tempo aus dem Boot zu fallen?" Sie hätte sich am liebsten die Zunge abgebissen. Aber es war zu spät; die Frage war schon gestellt.

„Vielleicht, aber ich bin ja nie rausgefallen – wie hier aus dem Bett! –, sondern habe mich rausfallen lassen. Das ist weniger gefährlich. Ich hatte während der ganzen Weltausstellung keinen einzigen Unfall."
Am folgenden Morgen wurde Mike vom zuständigen Arzt sorgfältig untersucht. Es wurden Röntgenaufnahmen gemacht. Die Nachtschwester hatte sich umsonst gesorgt: Nichts deutete auf Komplikationen hin. Hingegen geschah etwas, was niemand für möglich gehalten hätte: Der Sturz aus dem Bett hatte eine deutliche Verbesserung von Mikes Zustand zur Folge. Der Aufprall mußte einen eingeklemmten Nerv gelöst haben.

Schon Tage nach dem Vorfall begannen seine Oberschenkel mit sichtlichem Erfolg auf die Therapie zu reagieren. Sie wurden zunehmend kräftiger und zeigten deutliche Lebenszeichen. Mike war dem Silberstreif am Horizont wieder einen großen Schritt näher gekommen.

25

Erschöpft legte Mike seine Hanteln weg. Er schaute aus dem Fenster und sah, wie die letzten Sonnenstrahlen den Tegelberg streiften. Die Bergspitze leuchtete rot auf: Die Sonne spiegelte sich im ersten Schnee, der bis auf 1200 Meter gefallen war. Der Winter würde bald kommen und das Allgäu mit einem weißen Mantel zudecken.

„Winter!" dachte Mike. „Ob ich je wieder Ski laufen kann? – Oh Mann! Das dauert alles so lange. Wann werden mich meine Beine endlich wieder tragen? Wann werde ich aufstehen können, einfach so? Wann werde ich meine Jeans anziehen können, ohne dabei eine akrobatische Einlage auf dem Bett machen zu müssen? Verdammt noch mal, wann? Wann?"

Für einen sieggewohnten Sportler war es schwer, ein Rennen aus der letzten Reihe starten zu müssen. Runde um Runde hatte er bisher aufgeholt. Erst gegen den Tod, dann gegen die Bettlägerigkeit, nun war er auf der dritten Etappe, kämpfte gegen die Verbannung in den Rollstuhl. Ein unmögliches Ziel, wollte er seinen Ärzten Glauben schenken. ‚Hoffnungslos!' hieß es. ‚Sie sollten sich mit Ihrem Schicksal abfinden.'

Trotz aller Motivation, trotz der Kraft des positiven Denkens, trotz seiner unerschütterlichen Überzeugung, eines Tages wieder aufrecht zu gehen, trotz des Fortschritts, den die Therapie seit dem Sturz aus dem Bett bewirkte, trotz allem war er manchmal schrecklich deprimiert. Wie jetzt. Es war nicht leicht, den Mount

Everest zu besteigen, wenn man im südindischen Madras losmarschieren mußte.
Das Telefon klingelte. Das mußte Patti sein. Sie rief wöchentlich zwei- bis dreimal an, jeweils bevor sie zur Arbeit ging.
„Hallo, Mom! Ja, es geht mir sehr gut. Alles in bester Ordnung. Ich mache wunderbare Fortschritte. – Nein, nein, alles okay. Ebi hat gestern meinen Dodge verkaufen können. Ein GI wollte ihn unbedingt haben. Er hat noch gutes Geld dafür gegeben. Wie geht es dir? – Schön! Und sportlich? – Was, du fährst jetzt Motocross?! – Ja, ja sicher, hat auch mir immer Spaß gemacht. – Nein, hier hat es auf den Bergen geschneit. – Gut, Mom, danke für den Anruf! – Ja, ich passe auf mich auf. Versprochen!"
Mike legte sich in sein Kopfkissen zurück. „Versprochen ... oh, Mom! Wenn du wüßtest. Aber ich gebe nicht auf. Ich gebe nicht auf!"
Mit einer Hand zog er sich am Bettgalgen hoch. Er stemmte seine beiden Hände auf die Matratze und rutschte seinen Körper zur Längsseite. Dann führte er mit einer Hand das rechte Bein, ließ es über die Bettkante hängen. Als das linke Bein auch über die Matratze baumelte, rutschte er noch etwas nach vorne, griff zu den beiden Krücken, die zwischen Nachttisch und Bett an der Wand standen, faßte kräftig um die Griffe und ließ sich langsam auf den Boden gleiten. Wacklig stand er auf seinen Beinen, spürte gerade genug, um den Beinen einzeln zu befehlen, kleine Schritte zu machen. Eine halbe Stunde lang ging er in seinem Zimmer langsam auf und ab. Müde, aber wieder motiviert – „ich darf mich in Zukunft nicht mehr gehen lassen, das hindert die Genesung!" –, setzte er sich in seinen Rollstuhl beim Fenster und dachte nach. Patti hatte ihm mit ihrem Anruf sehr geholfen.

„Wie oft hat mir schon jemand geholfen – und dies sicherlich auch gerne getan. Raimund hatte schon recht mit seiner Bemerkung: ‚Es ist immer schwieriger, ein Geschenk anzunehmen, als eins zu machen.' Ob Geschenk oder Hilfe, wahrscheinlich kommt es auf dasselbe heraus. Wie damals mit John Wayne."
Mikes Mundwinkel zogen sich in die Breite. In diesem Augenblick klopfte es an der Tür, Fritz und Ebi traten ein.
„He, Mike! Was lächelst du?" fragte Ebi.
„Ich? Lächeln? Nein!"
„Doch, doch, du lächelst! Sag, hat Marsha, Morayma oder sonst ein nettes Mädel was hören lassen?" wollte Fritz wissen.
Mike grinste über sein ganzes Gesicht: „Nein, aber John Wayne. Das heißt, ich dachte gerade daran, wie er einmal geholfen hatte!"
„*Der* John Wayne?" fragte Fritz.
„Ja, genau!"
„Komm, sag schon! Wie war das mit dem großen Hollywoodstar?" drängte Fritz.
„Ja, warum nicht? Das war so", sagte Mike und begann zu erzählen.

Seit Wochen trainierte der Achter des Orange Coast College für die entscheidende Regatta. Es ging um alles. Sollten sie morgen gewinnen, waren sie kalifornischer Meister. Die Chancen standen gut. Sie waren ein erstklassiges Boot. Material und Mannschaft waren in Spitzenform und Mike Harker glücklich mit seiner Position sieben. Es konnte eigentlich nichts mehr schiefgehen. Man brauchte nur noch einen Trainingslauf. Und zwar dringend, denn endlich waren die neuen Riemen eingetroffen.

Das Team traf sich in Newport Beach. Der Hafen galt als die teuerste Marina von Kalifornien, vielleicht war sie die exklusivste ganz Amerikas. Hier, 45 Meilen südlich von Hollywood, standen die größten Villen von Los Angeles und Umgebung in der Landschaft herum. Wer etwas auf sich hielt, war nicht in Palm Springs, Beverly Hills oder Ensenada zu Hause. Nein, man wohnte standesgemäß in Newport Beach und hatte im Hafen ein Vermögen vor Anker. Entsprechend einmalig war es, was das Orange Coast College Team beim Training zu sehen bekam. Doch im Land der Superlative gewöhnte man sich schnell an entsprechende Dimensionen. Zumal die großen Boote in dem noch viel größeren Hafen – mit eigener Regattastrecke! – etwas von ihrem Eindruck verloren. Es war schließlich alles eine Frage der Proportionen.

Die Ruderer aber beachteten nicht mehr die Dreißig- und Vierzig-Meter-Yachten, sondern konzentrierten sich nur auf ihren Achter: eine beängstigend schmale Nußschale mit einem zerbrechlichen Rumpf, dessen Holzbeplankung so dünn war, daß man sie mit dem Daumen leicht hätte eindrücken können. Man mußte höllisch aufpassen, nichts kaputtzumachen: nicht nur beim Einsteigen, auch beim Rudern.

Die Mannschaft legte sich kräftig in die Riemen, doch sie kam nie zu ihrem optimalen Rhythmus. Die Wellen der Regattastrecke waren zu unruhig. Das Boot schaukelte gefährlich, Wasser schwappte über. An ein reguläres Training war nicht zu denken. Man diskutierte schon, ob man es vielleicht abends, bei Einbruch der Dunkelheit, noch mal versuchen sollte. Dann lägen die Champagner-Dampfer wieder an ihren Plätzen, und wo kein Boot sich bewegt, keine Welle sich erhebt.

Mit kurzen Schlägen, ohne Tempo zu machen, ruderten sie zur Anlegestelle des Ruderclubs, als sie feststellten,

daß die Wellen auf einmal verebbten. Ruhe kehrte in den Hafen ein. Was war los?
Ganz vorne, bei der Hafeneinfahrt zum Meer, fanden sie die Antwort auf ihre Frage. Unübersehbar und so lang wie ein Fußballfeld lag die ‚Golden Goose' vor Anker: quer in der Hafeneinfahrt. Unglaublich! Das knapp hundert Meter lange ehemalige Kriegsschiff war zur uneinnehmbaren Hafenblockade geworden. Oben, auf dem in Edelholz neugestalteten Deck, rollten zwei weiß uniformierte Seeleute ein Sonnendach aus. Ein großgewachsener Mann winkte ihnen zu. Man brachte ihm einen Korbsessel an die Reling, er setzte sich und winkte erneut.
„Das ist John Wayne!" war sich jeder im Boot sicher. Die ‚Golden Goose', die Gans, die goldene Eier legt, war allen bekannt: ein wunderschönes Schiff, mit Sicherheit die größte private Yacht an der Westküste. Der große Mann an Bord konnte nur John Wayne in persona sein. Man wußte, daß der Westernheld in seiner Jugend ein begeisterter Ruderer gewesen war. Es war auch bekannt, daß er als Bewohner von Newport Beach kein Hehl daraus machte, ein ausgesprochener Anhänger des Orange-Coast-College-Teams zu sein. Offensichtlich wollte er nun helfen. Er hielt die Position, bis das Team das Training beendet hatte und mit erhobenen Rudern grüßte.
John Wayne hatte auch dann noch die Blockade aufrechterhalten, als hinter seinem Schiff ein Getöse von Sirenen und Nebelhörnern losging. Es waren die Kapitäne kleinerer Boote, die erbost – und nicht ganz zu unrecht – die Durchfahrt verlangten.

※

„Und, habt ihr die Regatta gewonnen?" wollte Fritz wissen.

„Ja, das haben wir!" Mike lachte. „Es war das erste Mal in der Geschichte des Orange Coast College! Schade ist nur, daß ich John Wayne nie persönlich kennengelernt habe. Aber, wer kann schon sagen, daß er eine Regatta gewann, weil ihm ein großer Star geholfen hat?!"
„Ich kenne da noch ein paar, die das von sich behaupten können", meinte Ebi. „Die sieben anderen aus deinem Team, der Steuermann und der Coach! Apropos Coach: Fritz und ich haben uns überlegt, ob du in unsere Firma einsteigen willst?"
Mike antwortete nicht sofort. Er bewegte sich unruhig in seinem Rollstuhl hin und her. Dann sagte er:
„Drachenfliegen als Vergnügen und Drachenfliegen als meine berufliche Zukunft sind zwei verschiedene Aspekte. Ich werde wieder drachenfliegen. Aber ich werde kein Vorbild oder Idol mehr sein können, mit dem Geschäfte zu machen sind. Nein, meine Freunde, ich habe mich entschlossen, einen anderen Weg zu gehen. Vielleicht wird es mir zugute kommen, daß ich an der ULCA, der Universität von Los Angeles, vier Semester Film und Fotografie belegt hatte. Ich bin in den letzten Tagen zur Überzeugung gelangt, auf diesem Sektor eine echte Chance zu haben. Ich werde zuerst versuchen, als Fotograf meinen Lebensunterhalt zu verdienen. Meine gute Kameraausrüstung habe ich ja noch. Und später, wenn alles klappt, werde ich wieder Filme machen. Aber nicht vor, sondern hinter der Kamera!"
Er faßte an die beiden großen Räder seines Rollstuhls: „Ihr werdet sehen, sobald ich die hier nicht mehr benötige, wird es schnell aufwärts gehen!"
Er bemerkte die erstaunten Gesichter seiner Freunde und sagte:
„Es ist nicht so wichtig, wie man sich entscheidet. Hauptsache ist, zu einer Entscheidung zu kommen. Später wird man rückblickend immer sagen, ‚hätte ich es

doch anders gemacht'. Wenn man aber dann sagen kann, ‚es war meine Wahl, ich hab' sie aufgrund der mir bekannten Fakten getroffen', dann braucht man sich nie Vorwürfe zu machen, wenn etwas anderes herauskommt, als man geplant hat. Nur das zählt. Und für mich zählt jetzt, daß es mir sehr viel besser geht, seit ich mir über meine weitere Zukunft im klaren bin. Ich sehe einen klaren Weg und weiß nun, wo es beruflich lang geht!"

Er sagte nichts darüber, daß ihn die verletzten, nur langsam heilenden inneren Organe große Sorgen bereiteten. Und er verschwieg ihnen auch, manchmal vor Ungeduld fast zu verzweifeln.

26

Im Zimmer 270 klingelte das Telefon: „Herr Magener wartet am Empfang!"
„Ja, gut! Ich komme gleich runter!"
Mike packte seine schweren Krücken, legte sie quer über den Rollstuhl. Er freute sich auf seinen ersten Ausgang. Es würde ein schöner Abend werden.
Langsam entwickelte sich doch noch alles, wie er es erhofft und gewünscht hatte: Seine Kräfte steigerten sich täglich, bald schon würde er wieder Liegestützen machen können. Auch mit den Krücken hatte er in den letzten zwei Wochen beachtliche Fortschritte erzielt. Und die Enzensberg-Therapien brachten ihn seinem Ziel in großen Schritten näher: Die Bauch- und Oberschenkelmuskulatur baute sich langsam auf. Er war jetzt überzeugter denn je, daß er sich eines Tages ohne Gehhilfe frei bewegen könne.
Kein Grund, unglücklich zu sein, würde man meinen. Trotzdem quälte ihn etwas Tag für Tag von neuem: Es war das niederschmetternde Bewußtsein, zeitlebens invalid zu sein. Die lahmen Unterschenkel und Füße konnte er ja mit Technik überspielen, mangelnde Standfestigkeit mit kleinen Tricks kompensieren – kein Problem. Aber seine inneren Verletzungen, die zerfetzte Blase, die kaputten, schwerfällig arbeitenden Nieren waren Schatten, die keine Sonne verdrängen konnte. So war es manchmal nicht leicht, ein fröhliches Gesicht zu zeigen, Erwartungshaltungen zu erfüllen und immer wieder Zuversicht auszustrahlen.

Heute abend würde es anders sein. Heute würde es ihm leichtfallen, fröhlich zu sein. Allein schon der Gedanke an das bevorstehende Treffen erfüllte ihn mit Wärme: Jörg Magener, ein junger Drachenflieger, langjähriger Freund und Verehrer von Mike, holte ihn ab. Zusammen würden sie zum John's Club nach Garmisch fahren: alte Zeiten, neue Gesichter. Mike freute sich auf die Disco. Jörg hatte versprochen, ihn zu stützen, wenn nötig zu tragen, damit er ohne Rollstuhl unter die Menschen kam.

Nicht, daß sich Mike des Rollstuhls geschämt hätte. Er wollte nur nicht auffallen. Und die Krücken konnte man leicht unter einem der alten Plüschsofas in Johns Disco verschwinden lassen.

„Ja mei, der Mike!" John Jaeger begrüßte sein einziges amerikanisches Clubmitglied mit einer Herzlichkeit, daß sich die Umstehenden wunderten: So erfreut hatte man den Disco-Boß selten erlebt. John und Jörg nahmen Mike in ihre Mitte, begleiteten ihn zu einer gemütlichen Sitzecke.

Ein siebzehnjähriges Mädchen mit hüftlangen Haaren hatte schweigend beobachtet, wie sich John und Jörg um Mike kümmerten. Sie erinnerte sich, das Bild dieses Mannes schon ein paarmal in den Zeitungen gesehen zu haben: Es mußte der berühmte Drachenflieger sein. Gebannt schaute sie ihn an, betrachtete sein Gesicht. Ihre Augen trafen sich. Einen Moment hielt sie seinem Blick stand, dann schaute sie weg.

„Wer ist die Schöne?" fragte Mike. „Sieht aus wie eine Indianerin!"

„Aha! Mike, bist wieder kerngesund?" John lachte. „Das ist Barbara Hermanni. Wir alle nennen sie Babsi."

„Babsi ...", murmelte Mike, dann sagte er: „Kann man hier auch etwas zum Trinken haben?"

Es wurde ein herrlicher Abend. Mike traf viele alte

Bekannte. Man lachte, scherzte und sprach über Gott und die Welt. Aber auch über den Unfall. Doch da konnte Mike nur erzählen, was er von Raimund wußte. Einmal kam das Gespräch auf Menschen in Not.
„Erst in der Not erkennt man die wahren Freunde!" meinte John.
„Das stimmt!" bestätigte Mike: „Ja, die wahren Freunde: Peter Steinebronn. Er hatte geschrieben und rief mich ein paarmal in Enzensberg an, um mir einen Job anzubieten.
Auch Harry Valérien! Ein richtiger Freund. Das hätte ich nie erwartet. Harry hat mit seinem Sportstudio viel zu tun. Aber trotzdem nahm er sich die Zeit und telefonierte mehrmals, war besorgt. Er war wirklich besorgt um mich! Seine Anteilnahme hat mir geholfen. Ich bin ihm sehr dankbar! Und Raimund Harmstorf, ihm verdanke ich mein Leben, und Fritz und Ebi ..."
Um zehn Uhr brachte Jörg seinen Freund wieder zurück nach Enzensberg. Kurz vor Mitternacht fuhr Mike den Rollstuhl neben sein Bett, zog die Bremse fest. Dann hob er mit seinen Händen die Beine nacheinander auf die Matratze, faßte mit der linken Hand den Griff vom Bettgalgen, mit der rechten die Armlehne seines Rollstuhls. Für einen kurzen Moment hielt er den Atem an, und während er die Luft durch den geschlossenen Mund preßte, schwang er sich mit einem kräftigen Ruck auf das Bettgestell. Noch ein paar Wochen zuvor wäre dies unmöglich gewesen.
Als nächstes öffnete er die Klettverschlüsse der Schienen und befreite seine geschwollenen, leblosen Gelenke vom stählernen Muskelersatz. Dann massierte er die Beine von den Zehenspitzen bis zu den Hüften. Müde, aber mit einem großen Lächeln auf dem Gesicht legte er sich zurück: Zum erstenmal seit dem verhängnisvollen Ostersamstag erlebte er, wie ihn ein Glücksgefühl

durchströmte. Er spürte, daß die Wende begann:
Raus aus dem Rollstuhl, rein ins Leben!
Selig schlief er ein. Daß er die schöne Babsi bald wiedersehen, daß sie zu einem wichtigen Bestandteil seines Lebens werden sollte, hätte er sich zu diesem Zeitpunkt nicht träumen lassen.

Am Samstag, dem 26. November 1977, sechseinhalb Monate nach dem Unfall, wurde Mike Harker aus der Klinik Enzensberg entlassen. Auf Krücken gestützt ging er durch das Glasportal, lächelte in die Kameras der Reporter. Dann setzte er sich in den Rollstuhl, gab freundlich Auskunft: „Ja, Drachenfliegen ist eine Sucht, von der man nicht mehr loskommt. – Nein, ein Drachen verzeiht keine Fehler. – Ja, ich will wieder fliegen. Ja, es geht mir recht gut. – Nein, nein, keine Risiken mehr wie beim Flug von der Zugspitze. Ich habe schließlich vor Jahren meiner Mutter versprochen, mit dreißig vernünftig zu werden!"

Drei Tage später, am Dienstag, dem 29. November 1977, war der John's Club in Garmisch schon früh am Abend bis auf den letzten Platz gefüllt. Jörg Magener und John Jaeger hatten geladen, und alle kamen: Freunde, Drachenflieger, Schönheiten und Babsi mit ihren nettesten Freundinnen. Sie feierten Mike, seine Rückkehr ins Leben und seinen 30. Geburtstag.

*

Drei Monate später, am Sonntag, dem 26. Februar 1978, wurde Mike Harker in die BG-Unfallklinik von Murnau eingeliefert. Sein Zustand hatte sich verschlechtert, war kritisch. Mike mußte dringend operiert werden, wenn

Nieren- und Blasenfunktion nicht ganz aussetzen sollten. Chefarzt Dr. Manfred Stöhrer nahm sich seiner persönlich an. Bis Mitte März wurden mehrere Operationen durchgeführt. Dr. Stöhrer wollte Mike anschließend für mehrere Monate in der Klinik behalten. Er sollte so lange Bettruhe haben, bis sich sein Zustand nicht nur stabilisierte, sondern deutlich besserte. Doch Mike wollte unter keinen Umständen länger im Krankenhaus bleiben. Er setzte alle Hebel in Bewegung, um rauszukommen. Am 30. März wurde er unter Vorbehalt entlassen.
Er hatte die Wochen nach Enzensberg bis Ende des Jahres als Gast im Haus der Familie Schweiger in Seeg verbracht. Danach lebte er bei den Mageners in Grainau. Und nun – er freute sich doppelt auf die Entlassung – durfte er zur Familie Hermanni nach Garmisch. Babsi hatte ihre Eltern überzeugen können, daß Mike bei ihnen am besten aufgehoben sei.

27

Ein kurzes Klopfen, dann ging die Tür auf zum Gästezimmer in der Villa der Familie Hermanni.
„Mike!"
„Ja, Babsi?"
„Jörg Magener ist da, fragt, ob du mit ihm an die frische Luft gehen willst."
„Ja, gerne! Der erste schöne Apriltag, das muß man ausnützen. Kommst du mit, Babsi?"
„Besser nicht. Ich muß morgen eine Deutscharbeit abgeben!"
Mike legte die Hanteln weg, zog sich einen Pulli und eine Windjacke über den Kopf, nahm seine beiden hölzernen Spazierstöcke. Er prüfte, ob die Gummienden fest auf den Metallspitzen saßen, dann ging er behutsam über die schweren Teppiche zur Eingangshalle und trat aus dem großen Haus in die milde Frühlingsluft hinaus. Es duftete nach Schneeschmelze, sprießendem Gras und zarten Knospen. Die Sonne stand über der Zugspitze, erfüllte Garmisch mit warmer Helligkeit.
In der Einfahrt vor der Villa parkte ein alter Bedford-Bus. Jörg Magener stand auf der hinteren Stoßstange und zog einen Riemen fest, der seinen Drachen auf dem gepolsterten Dachständer festhielt. Als Jörg seinen Freund aus der Tür kommen sah, riß er ungläubig die Augen auf, sprang vom Wagen, lief Mike entgegen:
„Keine Krücken? Du gehst an Stöcken!"
Er umarmte ihn so heftig, daß sie beinahe umgefallen wären.

„Ja, Jörg, keine Krücken mehr! Wer zu lange an Krücken geht, bleibt krank!"
Trotz Protests half Jörg seinem Freund in den Autositz, dann fuhren sie Richtung Eibsee. Mike erklärte ihm, daß er in den letzten Wochen hart trainiert habe, um von dieser ‚krankheitsunterstützenden Demoralisierung' wegzukommen.
„Krücken sind für Kranke, Stöcke für Schwache! Weißt du, für mich bedeutet das wieder einen Schritt weiter. Vielleicht nur ein psychologischer, aber es ist eine Bestätigung, daß es mir besser geht. Obwohl die Fachleute sagen, ich könnte nie mehr Sport betreiben."
„Nie mehr Sport! Vor wenigen Monaten haben sie dir noch weisgemacht, daß du nie mehr aus dem Bett kommen würdest! Danach haben sie dir glaubhaft machen wollen, daß du nie aus dem Rollstuhl rauskommen würdest. Mich macht es glücklich, dich so zu sehen, Mike! Du hast wieder enorme Fortschritte gemacht, seit du von uns weg bist."
„Ich werde nie vergessen, daß deine Familie mich aufgenommen hat. Es war schön, aber ich hätte ein schlechtes Gewissen gehabt, euch länger zur Last zu fallen."
„Mike, du weißt ganz genau, daß du uns nie zur Last gefallen bist, zu keinem Zeitpunkt!"
Jörg hatte dies immer beteuert. Mike wußte, daß er es aufrichtig meinte. Trotzdem war es nicht leicht gewesen, nur der Nehmende zu sein, ohne eine Gegenleistung erbringen zu können. Als Mike auf Babsis Vorschlag einging und nach Murnau ins Gästeappartement im Haus ihrer Eltern zog, war Jörg sichtlich enttäuscht gewesen. Doch die Entscheidung war richtig. Im Schwimmbad der Villa Hermanni konnte Mike trainieren, so oft und so lange er wollte. Zudem war das Wellenbad von Garmisch nur zweihundert Meter entfernt. Eine Strecke, die er mit seinen Krücken jeden

Tag, bei jedem Wetter, zurücklegte, um Whirlpool und Unterwassermassagen auszunützen.
Und Babsi! Allein ihre Gegenwart, ihr fröhliches Wesen und die vielen Gespräche waren unschätzbare Motivation, täglich mit neuem Elan sein Handicap zu überwinden.
Als ob Jörg die Gedanken von Mike erraten hätte, sagte er:
„Es war tatsächlich ein glücklicher Umstand, Babsi bei unseren Besuchen im John's Club zu treffen."
Sie ließen den Bedford auf dem Parkplatz vor dem Sporthotel am Eibsee. Mike nahm seine Stöcke, entfernte die Gummistücke von den Eisenspitzen, dann marschierten sie los. Sehr schnell, wie Jörg erfreut feststellen konnte.
Sie wollten bis zu einer bestimmten Stelle gehen und wieder umkehren. Die ganzen dreieinhalb Kilometer rund um den See, Mikes frühere Joggingstrecke aus der Militärzeit, wären zuviel gewesen.
„Wie geht es dir finanziell, Mike?"
„Nicht besonders gut! Die Hallesche bezahlt zwar nach wie vor alle Krankenkosten. Diese Versicherung ist wirklich in Ordnung – nicht einmal mit der Prämie sind sie raufgegangen. Leider habe ich keine Lohnausfallversicherung. Wenn ich nicht eine kleine eiserne Reserve hätte, wäre ich total blank!"
„Aber deine Flugschulen", entgegnete Jörg.
„Bei der Drachenflugschulung ist an der Ausbildung nur gerade soviel zu verdienen, daß ein Fluglehrer anständig bezahlt werden kann. Lohnend wird es erst mit dem Verkauf von Drachen und Zubehör. Da ich alle meine Schulen im Franchise-System an die Lehrer abgegeben hatte und anstelle von Prämien den Verkauf der Drachen tätigen durfte, ist diese Einnahmequelle durch meinen Unfall buchstäblich ins Wasser gefallen. Verges-

sen wir das Vergangene. Ich glaube an das, was vor mir liegt. Ich studiere zur Zeit wieder Fachliteratur, Thema Fotografie. Das ist meine Zukunft!"
In diesem Augenblick geschah es. Sie gingen gerade auf einer schmalen Stelle des Naturweges, dessen Kante bedrohlich steil zum siebzig Meter tiefer liegenden See abfiel. Mike paßte nicht auf, die Eisenspitze seines linken Stocks blieb in einer Wurzel stecken, er fiel vornüber.
Hilflos mußte Jörg zusehen, wie sein Freund stürzte. Doch ehe Mike auf dem Boden lag, hatte er sich mit der Beweglichkeit einer Katze seitlich auf die Hüfte und über die Schulter abgerollt. Er war unverletzt. Trotzdem packte ihn ein Wutanfall:
„Dieses verdammte Ding!"
Er streckte sich am Boden aus, griff nach dem Stock. Mit seiner ganzen Kraft warf er ihn weit von sich. Jörg schaute seinen Freund erstaunt an, machte sich jedoch augenblicklich auf die Suche.
Mike war verärgert. Es tat ihm zwar nichts weh, soweit war alles in Ordnung. Aber ohne diesen häßlichen Holzprügel wäre er nicht gestürzt. Ein blödsinniges Handicap: Auch ein Stock ist eben nichts anderes als eine Krücke! Grollend nahm er den anderen in die rechte Hand, rappelte sich hoch und ging weiter.
„Mike, warte!" Außer Atem kam Jörg den Steilhang hochgeklettert, ohne das ‚verdammte Ding'. Besorgt um seinen Freund, wollte er nicht länger suchen. Doch was er jetzt zu sehen bekam, war unglaublich: Da vorne ging der „gelähmte" Mike an einem Stock. Er humpelte nur ein bißchen, wie jemand, der sich seinen Fuß verstaucht hat.
„Mike! *Ein* Stock, verstehst du? *Ein* Stock! Du gehst an einem einzigen Stock!"
Mike blieb wie gebannt stehen. Schaute an sich hinun-

ter, sah auf seine Beine, auf seine Hand, die den Stock hielt. Dann hob er seinen Kopf. Ein Strahlen huschte über sein Gesicht. Ein Strahlen wie damals, als er, ein Dreikäsehoch, für ein Siegerbild posierte. In den kleinen Händen hielt er die Siegestrophäe eines Wasserski-Wettbewerbs. Es war ein riesiges Silbertablett mit einem sechsteiligen Silberservice drauf. Links und rechts von ihm standen zwei ausgewachsene Männer, die ein gequältes Lächeln auf den Lippen hatten. Der eine hielt ein Köfferchen mit Besteck, den zweiten Preis, der andere einen kleinen Pokal, den dritten Preis.

Und jetzt stand Mike wieder als Sieger da. Als Sieger mit seiner Trophäe: einem Stock, einem einzigen Stock! Abend feierten sie im John's Club. John Jaeger hatte für Mike einen speziellen Drink aus verschiedenen Säften und frischen Obststücken kreiert. Der ‚Sportler Spezial' fand überall Anklang, machte auch jetzt wieder die Runde, als man Mikes ‚schau, nur noch ein Stock!' vitaminreich begoß.

Jörg berichtete Babsi und den Freunden, wie Mike stürzte und sich reflexartig abrollte.
„Das war reine Gewohnheit vom Wasserskilaufen her. Wenn man mit 60 Kilometern pro Stunde barfuß über das Wasser flitzt, ist jeder Muskel gespannt, gegen die Kraft des Bootes gestemmt. Wenn da eine Fußspitze unter die Wasseroberfläche kommt, muß man sich sofort zusammenrollen. Wer nicht blitzschnell reagiert, kann sich bei dem Tempo auf dem Wasser schwer verletzen."
Mike schwieg, wurde nachdenklich: „Wahrscheinlich aber kommt dieser Reflex von meinen 360 Fallschirmabsprüngen. Da habe ich gelernt, richtig abzurollen."
Abrollen! Wie ein Blitz traf ihn eine Erinnerung, die im Unterbewußtsein ein Jahr verborgen war. Der Absturz

vom 9. April: abrollen, sein letzter Gedanke! Obwohl er inmitten der Trümmer des geborstenen Drachens gefangen war, mußte er versucht haben, sich vor dem Aufprall wie ein Fallschirmspringer abzurollen. Vielleicht war das die Antwort, warum er den Absturz aus zweihundert Metern überlebt hatte.

28

Mit einem kräftigen Zug hetzte Mike zum Ende des Schwimmbeckens. Dann holte er tief Luft, berührte mit den Fingerspitzen den Beckenrand, tauchte eine halbe Rolle drehend vorne unter, nutzte den Schwung, um seine leblosen Füße an die gekachelte Wand zu drücken, und stieß sich mit aller Kraft seiner Oberschenkel ab. Im gleichmäßigen Rhythmus kraulte er das vierzigste Mal über die 25-Meter-Strecke: Ein Kilometer vor dem Frühstück sorgte für den richtigen Appetit.
Babsi hatte die Schwimmhalle betreten, mit Bewunderung die Wende beobachtet. Wenn Mike Schwimmen anstatt Drachenfliegen gewählt hätte, dachte sie, würde er jetzt für olympisches Gold und nicht für seinen Kampf gegen Unfallfolgen trainieren.
Sie spürte, daß sie sich in Mike verliebt hatte. Wenn sie ihm nur helfen könnte. Irgendwie, irgendwann – es würde sich bestimmt eine Möglichkeit finden.
Sie sprang direkt vor ihm in den Pool, drückte übermütig seinen Kopf unters Wasser. Prustend kam Mike hoch, faßte sie um die Hüften und zog sie mit sich runter. Hier war er in seinem Element, konnte sich frei bewegen, wie ein gesunder Mensch. Er versuchte sie sanft an sich zu ziehen.
Sie ließ ihn gerne gewähren, wehrte sich nicht, ließ sich treiben und kuschelte sich schließlich an ihn, bis sie außer Atem war.
Prustend tauchten sie auf und setzten sich an den Rand des Schwimmbeckens.

„Babsi, ich habe mir etwas ausgedacht. Ich muß endlich wieder Geld verdienen, auf eigenen Beinen stehen. Weil das schlecht geht, muß ich ein drittes Bein haben. Und rat mal, wozu man drei Beine braucht?"
„Drei Beine? – drei Beine, ein Dreibein? Ein Stativ! Willst du etwas machen, wobei man ein Stativ benötigt?"
„Ja, fotografieren! Und ich werde das Dreibein sein: Meine beiden Beine und ein Einbeinstativ mit einem Fotoapparat oben drauf!"
Er erklärte ihr, wie er sich das Arbeiten mit seiner Canon vorgestellt hatte. Dann sagte er:
„Und Babsi, dazu brauche ich deine Hilfe, vor allem dein wunderschönes Gesicht. Ich möchte dich fotografieren."
„Ja gern, Mike! Sehr, sehr gern!" Sie fiel ihm stürmisch um den Hals. Mike verlor das Gleichgewicht, hielt Babsi fest und platschte mit ihr ins Wasser.
Mike war zuversichtlich, seine Überlegungen in die Tat umsetzen zu können. Jetzt, da er das Handicap seiner wackligen Beine in den Griff bekommen hatte, konnte, technisch gesehen, das Fotografieren kein Problem mehr sein, auch nicht der Verkauf seiner Fotos. Obwohl er seine Kamera vor dem Unfall nur selten zu beruflichen Zwecken verwendet hatte, gingen mehrere seiner Fotos in Millionenauflage durch die Presse. Eins wurde als Poster zum Bestseller:
Um diese Aufnahme machen zu können, hatte er seine Canon an der rechten Drachenspitze montiert und einen sieben Meter langen Fernauslöser zum Steuerbügel verlegt. Das Weitwinkelobjektiv erfaßte im oberen Bildrand einen Teil des Segels. In der Bildmitte lag der Steuerbügel, unten war Freiraum. Mit dieser Kameraeinstellung startete er vom Tegelberg und flog zum Schloß Neuschwanstein. Über dem verspielten, letzten

Bauwerk König Ludwigs II. kreiste er so lange, bis er die geplante Position erreicht hatte: oben das Segel im eigenen Schatten, in der Mitte der Pilot und darunter, in der Vogelperspektive, eins der schönsten Schlösser der Welt, beleuchtet von einem geheimnisvollen Streiflicht. Er hatte für diese Flugaufnahme eine spezielle Kamerahalterung hergestellt. Nun baute er ein Einbeinstativ so um, daß es ihm auch als Stock dienen konnte. Die Kameraausrüstung war bereit, Babsi auch, Mike wartete nur noch auf schönes Wetter.

Der Chefredakteur war begeistert. Was er da vom ehemaligen Sergeanten Harker aus Garmisch auf den Leuchttisch bekommen hatte, übertraf alle Erwartungen. Kurzerhand warf er den geplanten Titel raus. Drei Wochen später erschien die Juni-Ausgabe 1978: Auf dem Umschlagbild von ‚Off Duty', dem Freizeit-Magazin der amerikanischen Streitkräfte in Europa, lachte ein süßes Mädchen mit hüftlangem, dunklem Haar. Babsi war Titelmädchen geworden.

Ein paar Tage später erhielt Mike einen Scheck über 150 Dollar und bezahlte die erste Miete für eine kleine Dachwohnung in Garmisch. Über ein Jahr lang war er auf fremde Hilfe angewiesen. Jetzt wollte er endlich wieder selbständig sein. Der Schritt war nicht leicht: Bei den Familien Schweiger, Magener und Hermanni hatte man ihn verwöhnt, umsorgt; man las ihm jeden Wunsch von den Augen ab. So gesehen war es eine wunderschöne Zeit gewesen. Aber sie mußte zu Ende gehen, wenn er weiter kommen wollte.

Auch aus einem anderen Grund war der Entschluß, allein zu wohnen, schwer gefallen. Gesundheitlich schien es zwar stetig aufwärts zu gehen. Verglich man jedoch seine Situation mit der eines normalen, gesunden

Menschen, so war Mike immer noch ein schwerkranker Mann. Von seinen Freunden wußte das niemand. Er sprach nicht darüber. Wer oft mit ihm zusammen war, konnte allerdings beobachten, daß er drei- bis viermal im Monat, manchmal zweimal wöchentlich, nach Murnau fuhr, zur ambulanten Behandlung in der dortigen Unfallklinik.
Chefarzt Dr. Manfred Stöhrer, selbst ein begeisterter Sportler, hatte sich Mikes persönlich angenommen. Die unglaubliche Unfall- und Krankengeschichte faszinierte ihn genauso wie der Mensch, der dahinter steckte. Noch nie hatte er einen Patienten gehabt, der sich bis an die Grenzen des Erträglichen bemühte, wieder gesund zu werden. Dem Mann mußte er helfen, mit allen Mitteln, die ihm zur Verfügung standen. Er nahm mit Dr. Chamberlain in Florida und mit Dr. Mackey in Kalifornien Kontakt auf, wollte alles in Erfahrung bringen, was dem Drachenflieger nützlich sein konnte.
Mike hatte nach wie vor zwei große Probleme. Zum einen drohte die Lähmung jetzt die Füße zu deformieren, nach unten erstarren zu lassen. Es war ein bekanntes Phänomen, das als Folge der Passivität der Muskeln und Sehnen auftrat. Wenn man nicht durch geeignete Maßnahmen wie Massage oder Bewegungstherapie wirksam gegen die Versteifung ankämpfte, würde Mike in kurzer Zeit erneut dem Rollstuhl ausgeliefert sein. Nur gäbe es diesmal tatsächlich keine Hoffnung auf eine Besserung.
Zum anderen waren es Mikes innere Verletzungen, die Stöhrer große Sorgen bereiteten. Es würde vielleicht noch Jahre dauern und mehrere Operationen notwendig machen, bis sein Patient ein einigermaßen unbeschwertes Leben führen konnte.
Trotz seiner körperlichen Benachteiligungen war Mike wieder fröhlich geworden. Er bewohnte seine eigenen

vier Wände, hatte gute berufliche Aussichten und die beste Freundin, die er sich wünschen konnte.

Mike lernte wieder Auto fahren: Gas, Bremse und Kupplung betätigte er durch die Kraft seiner Oberschenkel. Es war nicht bequem, funktionierte aber ganz gut, wie er sagte. Wann immer er Zeit fand, führte er Babsi aus. Zusammen fuhren sie irgendwo hin, spazierten entlang der Loisach, trafen sich mit Freunden im John's Club oder gingen ins Kino. Wenn sie für kurze Wegstrecken unterwegs waren, ließ Mike den Stock in seinem Wagen zurück. Babsis Schulter paßte genau unter seine Achsel. Dabei trug sie nichts von seinem Gewicht, sie half ihm nur, das Gleichgewicht zu halten.

Sein Titelbild für ‚Off Duty' war ein Startschuß gewesen, Mike nahm die Chance wahr, arbeitete sehr hart und bald ebenso erfolgreich in ganz Europa und USA. Einarmig, auf drei Beinen, fotografierte er für den ‚Stern', die ‚Bunte', ‚Lui' und viele andere Magazine. Er machte sich einen Namen als zuverlässiger, kreativer Partner. Und wann immer ein besonders hübsches Gesicht gefragt war, stand Babsi Modell, glücklich, ihrem Mike helfen zu können.

29

Rudi Gaugg zog den Gashebel auf Viertelkraft zurück und drehte das Steuerrad voll ein. Das Boot neigte sich leicht zur Seite, kurvte blubbernd fünfzig Meter zurück in Richtung Wasserskifahrer, der mitten im Starnberger See die Skier anzog. Gezielt steuerte Gaugg das Schleppboot um seinen Freund herum. Als der Handgriff am Ende des 19,5 Meter langen Schleppseils zwei Meter von dessen Kopf entfernt war, stoppte Gaugg, indem er den Innenborder im Rückwärtsgang kurz aufheulen ließ. Links und rechts des Mahagonirumpfs schoß weiße Gischt empor, dann setzte sich das Boot langsam bis auf seine Wasserlinie. Der Griff schwamm jetzt direkt neben Mike, er brauchte seine Hand nur noch auszustrecken.
„Okay, Rudi, noch einmal!"
Rudi, mehrfacher deutscher Wasserskimeister, schaute zu Babsi, die mit dem Fotoapparat in den Händen auf den großen Moment wartete. Mike hatte ihr eingeschärft: Er müsse unbedingt ein gutes Bild haben. Er müsse ein Versprechen einlösen.
„Bereit?"
„Ja, ich schon!" sagte sie. „Wenn sich Mike nur nicht überanstrengt. Ich mache mir Sorgen! Es ist nun schon sein zehnter Versuch. – Jetzt! Rudi, er hat mit dem Kopf genickt!"
Rudi gab ein wenig Gas, wartete, bis die Leine straff war, dann drückte er den Hebel vorsichtig nach vorne, ließ einem Teil der 260 Pferde freien Lauf. Sobald das

Boot richtig angezogen hatte, wollte er auf 30 bis 35 km/h beschleunigen, mehr sollte und durfte es nicht sein, wenn er Mike nicht unnötig gefährden wollte.
„Haaalt, halt, halt!"
Rudi hätte auch ohne Babsis Ruf abgebremst. Im Rückspiegel hatte er gesehen, wie Mike halb aus dem Wasser kam und gleich wieder vornüberfiel. Weil er mit den Füßen die Lage der Wasserskier nicht beeinflussen konnte, mußte es wahnsinnig schwer sein, die richtige Körperstellung zu finden: Entweder beugte er sich zu weit nach vorne, dann fiel er auf den Bauch, oder zu weit nach hinten, dann waren die Skier weg.
„Babsi, wir müssen Mike jetzt sagen, daß er aufhören soll. Das hat doch keinen Sinn."
„Hast recht Rudi. Aber Mike hat sich nun mal in den Kopf gesetzt, daß er es kann. Er will mit seinen gelähmten Beinen Wasserski fahren!"
„He, du tapferer Indianer!" Rudi hatte sein Bösch-Boot längsseits neben Mike gebracht. „Machen wir Pause. Fahren zum Floß und verschnaufen ein Viertelstündchen!"
„Bist du müde, Rudi?!" Mike lachte. Er hielt sich mit einer Hand am Bootsrand fest. Eine Schwimmweste hatte er nicht anziehen wollen: ‚Das sieht nicht gut aus auf dem Foto!' Dann schaute er zum Floß rüber, wo ein halbes Dutzend Wasserskischüler seit einer Stunde geduldig warteten, endlich an die Reihe zu kommen.
„Nein, Rudi, wir können deine Schüler nicht noch länger hinhalten. Es muß jetzt klappen. Ich weiß auch wie. Ich drücke das stärkere, das rechte Bein fest an das linke. Den linken Ski lasse ich vom rechten führen, bis ich aus dem Wasser bin. Es geht sicher! Komm, gib mir den Griff noch mal rüber und fahr los!"
„Vielleicht kann dir Gerhard helfen? Er ist ein verdammt guter Skilehrer!"

„Ja, der Glas ist wirklich gut. Aber ich will nicht! Ich muß das allein schaffen. Verstehst du? Allein! – Babsi, ist die Kamera okay? – Gut, dann los!"
Langsam fuhr Gaugg an, bis sich das Seil straffte. Dann war nur noch der blubbernde Sound des V8 zu hören. Die Zuschauer auf den anderen Booten, die Schüler auf dem Floß wußten, was sich da abspielte. Sie sagten kein Wort mehr. Waren völlig gespannt.
Mike faßte den Griff mit beiden Händen, hielt ihn an die Brust, lehnte den Oberkörper leicht nach hinten und drückte das rechte Knie fest gegen das linke. Er stellte den linken Ski so weit auf den rechten, wie es die Gummibindung zuließ. Dann holte er tief Luft und nickte.
Der Zug durch das Seil war gewaltig. Beide Ski pflügten wie große Bremsflächen durchs Wasser. Es spritzte so stark, daß er das Boot nicht mehr sehen konnte. Er bekam keine Luft mehr, hielt den Atem an. Mist! Er hatte zuviel Rückenlage. Nur ein klein wenig nach vorne kippen lassen, ja nicht zuviel, sonst fiel er wieder auf den Bauch. Der Zug wurde etwas schwächer. Vorsichtig begann er die Beine zu strecken, und plötzlich war sein ganzer Körper draußen, oben auf dem Wasser: Er stand aufrecht, fuhr Wasserski!
Jubel ertönte von den Booten, die Wasserskischüler klatschten begeistert:
„Unfaßbar, er hat's geschafft!"
Sie drehten nur eine kleine Runde. Doch für Mike war sie anstrengender als der schnellste Grand National. Seine Oberschenkel zitterten. Jede kleine Welle drohte ihn aus dem Gleichgewicht zu bringen. Endlich nahm Babsi die Kamera herunter, und Mike wußte, die Bilder waren im Kasten. Wendy Saxon würde große Augen machen. Er lachte befreit: wieder ein Schrittchen weiter!

✷

Später saßen sie in der ‚Schiffsglocke', Rudi Gauggs Gaststätte am Starnberger See. Und Rudi staunte: „... ungeheuerlich! Vor drei Jahren noch im Rollstuhl und jetzt das. Ein anderer wäre zehnmal g'storben!"
Mike mußte schmunzeln. Rudi war nicht nur ein Weltklasse-Wasserskiläufer und -Bootsfahrer, sondern auch ein prächtiger Erzähler, der seine Gäste stundenlang unterhalten konnte. Sie kannten sich nun bald zehn Jahre. Als Mike im Anschluß an den Zugspitzflug die Schule in Scuol eröffnete, war Rudi gleich im allerersten Kurs mit von der Partie.
„Hab gehört, daß du jetzt fotografierst. Irgendwelche Pläne?"
„Ja, Babsi und ich fliegen im August in die USA. Die Koffer voller Skianzüge!"
„Sag bloß, du kannst wieder Ski laufen?"
„Ja, Rudi, ich bin schon anderthalb Jahre nach dem Unfall wieder auf den Skiern gestanden. Es war im November '78 auf dem Zugspitzplateau. Eine Art Mutprobe. Ich besorgte mir speziell hohe Skischuhe von Hanson. Es ging ganz gut und hat viel Spaß gemacht, obwohl ich oft hingefallen bin. Parallelschwünge im Steilhang hingegen waren kein Problem, da konnte ich auf den bergseitigen Kanten abschwingen. In den USA aber werden wir hoffentlich keinen Schnee sehen. Wir wollen gar nicht Ski fahren!"
Mike erklärte seinen Plan. Er hatte von führenden Sportmode-Herstellern, von Adidas, Bogner, Elesse und Head, Teile der neuen Winterkollektion bekommen. Die wollte er in artfremder Umgebung fotografieren: Winterskianzüge im Sommersport, beim Windsurfen, auf dem Jetski, Speedway-Motorrad, mit der Unterwasserkamera aufgenommen beim Wellenreiten auf Hawaii und beim Wasserskilaufen in Cypress Gardens.

Jedem Skianzug hatte Mike eine in Farbe und Stil passende Sportart zugeordnet und sich ein entsprechendes Aufnahmekonzept ausgedacht. Was er damals nicht wissen konnte: Diese Aufnahmenserie sollte eine seiner künstlerisch wertvollsten Fotoarbeiten werden.
„So, so, gar keine schlechte Idee!" sagte Rudi Gaugg. „Und die Bikini-Kollektion fotografierst dann mitten im Winter!"
„Ja, warum nicht? Und Christian Diors Abendkleider in einer Tagesschule für antiautoritäre Schreinergesellen. Aber Spaß beiseite. Ich freue mich sehr auf die Arbeit. Wir werden in Florida, in Cypress Gardens, beginnen, und von dort nach Kalifornien und Hawaii weiterreisen!"
Mike verschwieg, daß zum geplanten Zeitpunkt in Cypress Gardens die wichtigste internationale Drachenflug-Meisterschaft für Schleppstarts stattfinden würde. Er sagte auch nicht, daß Bill Moyes dort sein würde. Bill, der Pionier, war Trainer der australischen Nationalmannschaft und galt als der beste Drachenschlepp-Fachmann der Welt. Und noch jemand würde am Lake Eloise anzutreffen sein: eine Person, die die Absicht hatte, wieder einen weiteren großen Schritt nach vorne zu tun.

30

„Ich kann dich gut verstehen: Wunden können nur heilen, wenn die Seele gesund ist."
Bill Moyes klopfte Mike freundschaftlich auf die Schultern. Dann ergänzte er:
„Gut, wenn du glaubst, dein Absturz-Trauma nur durch einen Schleppflug überwinden zu können, dann mußt du es wagen. Wir werden dir gerne dabei helfen, no problem!"
„Du kannst meinen Drachen fliegen", sagte Steve Moyes. „Ich leih' dir auch mein Gurtzeug. Vater steuert das Boot, und ich gebe dir Starthilfe."
Was konnte sich Mike Besseres wünschen? Einen Superdrachen, einen hervorragenden Starthelfer – Steve Moyes hatte eben den Schleppwettbewerb in Cypress Gardens gewonnen – und Vater Moyes als Schleppbootfahrer. Trotzdem hatte er ein seltsames Gefühl im Magen. Der 9. April 1977 lag vier Jahre und vier Monate zurück – eine Ewigkeit ist vergangen, seit er einen Drachen geflogen hatte. Und noch immer lag der Unfall wie ein Schatten in seinem Gedächtnis, wollte nicht verschwinden.
Babsi schaute ihn mit ihren dunklen Augen fragend an.
„Willst du wirklich, Mike?"
„Babsi, ich will nicht. Ich *muß*!"
„Bist du sehr aufgeregt?"
„Ja. Aber ich habe volles Vertrauen zu Bill und Steve. Sie sind das absolut weltbeste Schleppteam!"
Am späten Nachmittag fuhr eins der Boote der Cypress

Gardens Show den Lake Eloise hinunter. An Bord waren Mike und Babsi, Steve, Bill und seine Frau Molly; über ihnen, wie ein riesiges Sonnendach, stand Steves Drachen, die Schwimmer auf der Bordwand aufgestützt. Bill steuerte das Boot zu einer großen, hindernisfreien Uferstelle. Es war ein idealer Startplatz. Hier umgab sie viel freier Raum, und vor allem störten keine ungebetenen Zuschauer.

Ohne Mikes angespannte Nerven durch Verzögerungen noch mehr zu strapazieren, gingen Bill und Steve ans Werk. Bill legte das hundertfünfzig Meter lange Schleppseil aus, hängte ein Ende mit dem Metallring in die Klinke am Boot, probierte, ob sie auslöste. Dann kontrollierte er die Sollbruchstellen und am anderen Ende die Verbindung zum Gabelseil. Währenddessen hatte Steve den Drachen überprüft und ans Ufer gestellt, den Steuerbügel zwei Meter vom Wasser entfernt. Er half seinem Freund ins Gurtzeug, hängte den Karabiner ein und unterstützte Mike, als er sich unter den Drachen legte und Position am Steuerbügel bezog. Steve hob das hintere Ende des Kielrohrs, stemmte den Drachen in die Horizontale. Dabei straffte sich die Aufhängung des Liegegurts. Mike hing nun freibeweglich zwischen Segel und Steuerbügel. Die Hände am Basisrohr, machte er ein paar Steuerbewegungen, zog sich nach vorne, drückte sich nach hinten, nach links und rechts. Steve kontrollierte, ob am Gurt nichts verdreht war. Dann stellte er den Drachen wieder ab.

Ohne ein Wort zu verlieren, hängte er das vier Meter lange Teil des Gabelseils in die Klinke am Basisrohr des Steuerbügels, das Fünf-Meter-Teil in die obere Klinke, direkt unter dem Segel.

„Prüf mal, bitte!"

Mike drückte die zwei Auslösegriffe. Beide Seilenden fielen zu Boden. Steve hängte sie wieder ein.

„Okay, Mike, der Drachen ist bereit! Und du?"
„Ja. Ich bin auch bereit."
„Gut, dann kann es losgehen!"
Weitere Instruktionen waren nicht notwendig. Steve hatte während der Bootfahrt mit Mike den Startvorgang und die Klinksequenzen durchgesprochen. Erklärungen brauchte es keine, Mike hatte in den vier Jahren nichts vergessen. Steve ging zum Kielrohrende, hob es so weit hoch, bis das Drachensegel den richtigen Anstellwinkel für den Start hatte. Dann winkte er mit der anderen Hand seinem Vater zu.

Bill drehte sich zu Babsi, die hinten im Boot saß und erkundigte sich, ob die Kamera schußbereit sei. Er startete den 60-PS-Außenborder und suchte den See nach Hindernissen ab. Nichts war zu sehen. Auch kein Blättchen regte sich, es war windstill. Zufrieden setzte er sich halb rücklings in den Fahrersitz, umfaßte mit einer Hand das Steuer, mit der anderen den Gashebel und nickte.

Darauf hatte Steve gewartet. Er bestätigte die Startbereitschaft von Pilot und Drachen, indem er die Hand hochhielt. Bill wußte, solange die Hand oben blieb, war alles okay.

„Jetzt, Mike, jetzt ist der Moment gekommen, viel Glück!" murmelte Bill. Dann gab er Gas, beschleunigte auf 45 km/h.

Das Schleppseil war wie ein großes S auf der Wasseroberfläche ausgelegt. Nun kamen sich die beiden S-Bogen, eine kleine Fontäne hinter sich ziehend, schnell näher. Noch dreißig Meter, zwanzig, zehn – jetzt, das Seil war straff!

Während des Bruchteils einer Sekunde geschah nichts, das Seil dehnte sich bis zur letzten Faser, dann gab es einen Ruck, die Schwimmer am Steuerbügel rutschten übers Gras, doch bevor sie das Wasser erreicht hatten,

war der Zug schon so stark, daß der Drachen abgehoben hatte. Steve konnte gerade noch zwei Schritte mitlaufen, gab dem Kielrohr einen leichten Schubser nach unten, korrigierte damit den Anstellwinkel, und Mike stieg mit sechs Metern pro Sekunde gegen den Himmel.
„Juchhee!"
Ein erlösender Jauchzer hallte über den Lake Eloise: Mike flog! Und mit jedem Meter, den er höherstieg, fiel ein schreckliches Trauma weiter zurück.
Unten, am Ufer, umarmte Steve seine Mutter. Er hatte gewußt, daß der Start klappen würde. Trotzdem war es eine große Erleichterung, zu sehen, wie sein Freund in einer geraden Linie hinter dem Boot aufstieg.
In 120 Metern Höhe schwebte Mike über den See, schaute auf die Parkanlagen von Cypress Gardens. Er freute sich, als Bill das Boot an den Tribünen vorbeizog – hier war er vor vierzehn Jahren der große Wasserski-Showstar gewesen, und dort, in der Bucht, hatte er das Drachenfliegen erlernt!
Sie drehten eine Runde um den See, kamen zurück zu den verwaisten Tribünen, und Mike klinkte. In aller Ruhe drehte er ein paar Kreise, machte eine tadellose Landeeinteilung und setzte die Schwimmer exakt auf den aufgeblasenen Zielkreis. Er hatte nichts verlernt!
Vom Ufer her schallte Applaus, ertönten Hurrarufe: Die Elite der Drachenflieger-Profis war heimlicher Zeuge seines Fluges, seiner perfekten Ziellandung geworden. Mike war glücklich. „Ich bin wieder da, und das Trauma ist weg!" rief er zum Boot rüber.
Als Bill längsseits an den Drachen gesteuert hatte, sprang Babsi ins Wasser, zog sich an seinem Gurtzeug hoch, umklammerte Mikes Arm und rief: „Du hast es geschafft! Du hast es geschafft! Ich bin so stolz auf dich!"

*

Zwei Wochen später waren Mike und Babsi an der Westküste, besuchten Walt Nielson, Mikes besten Freund. Walt hatte in Scuol Drachenfliegen gelernt und nach seiner Rückkehr in San Francisco, bei den Klippen von Fort Funston, eine Drachenflugschule eröffnet. Seine freundliche Art, mit Schülern und Piloten umzugehen, und sicherlich nicht zuletzt auch das einmalig schöne Fluggebiet am Pazifik ließen Walts ‚Happy Hangar' in kurzer Zeit zur größten Schule der Region werden.

Nun stand Walt mit dem Rücken zur Klippe und hielt einen Drachen an der vorderen Unterverspannung. Der Wind blies nicht allzu stark, war aber kräftig genug, um das Fluggerät samt Mike einen Meter über dem Erdboden in der Schwebe zu halten.

„Alles okay?"

„Ja, Walt, super! Kannst loslassen!"

Walt ging zwei Schritte rückwärts, ließ die Unterverspannung los und sprang zur Seite. Der Drachen nahm zögernd Fahrt auf, näherte sich langsam der steil abfallenden Pazifikküste. Mike zog ein paar Zentimeter am Steuerbügel, der Drachen beschleunigte und flog über die Klippe hinaus. Augenblicklich wurde er vom stärkeren Aufwind erfaßt und nach oben getragen. Mike flog ein paar hundert Meter die Küste hinunter, machte eine 180-Grad-Kurve. Als er beim Startplatz angelangt war, hatte er etwa dreißig Meter Höhe gewonnen.

Für Fort-Funston-Verhältnisse blies der Wind ziemlich schwach. Die Lokalmatadore blieben bei diesem Wetter zu Hause: ‚keine Herausforderung!'. Doch für Mike war die Situation wie geschaffen. Er hatte den Luftraum für sich allein; der Startplatz, zugleich auch Landefeld, blieb leer. Er würde sich voll auf die Landung konzentrieren können, ohne auf andere Piloten achten zu müssen.

Nach einer halben Stunde Flugzeit steuerte Mike in

fünfzig Metern Höhe zum hinteren Ende des Landefeldes. Dann drehte er den Drachen genau in den Wind. Je nachdem wie stark er jetzt den Steuerbügel zog, blieb der Drachen über Grund stehen oder kam langsam gegen den Wind an, machte Meter um Meter Land. Als Mike noch etwa zehn Meter über dem Startplatz war, eilte Walt herbei und stellte sich unter den Drachen. Im Zeitlupentempo näherte sich Mike dem Boden. Walt wollte schon in die Unterverspannung greifen, da rief ihm Mike zu: „Laß es! Ich schaff es allein!"
Mike richtete sich in seinem Liegegurt auf, bis der ganze Körper senkrecht runter hing. Der zusätzliche Luftwiderstand ließ den Drachen vollends absinken. Mike spreizte seine gelähmten Beine, setzte auf und hielt den Drachen für einen Moment in der Luft, bevor er ihn auf den Steuerbügel absetzte und die Drachennase vorne runter nahm. „Darf ich jetzt?"
„Ja, Walt, bitte halt den Drachen, bis ich mich ausgeklinkt hab! – Oh, Mann, ist das nicht großartig? Ich bin geflogen und allein auf meinen Füßen gelandet!"
Am Abend waren Mike und Babsi bei Walt und seiner Frau Judy eingeladen. Lange diskutierten sie über die kleinen Fehler, die die großen Unglücke auslösten, über die Verzweiflung vieler Menschen, die mit den Konsequenzen nicht leben können, nicht mehr leben wollen. Da schaute Mike auf seine leblosen Unterschenkel und Füße. Er dachte an die Zeit, in der er als lebenslänglicher Pflegefall abgestempelt im Krankenhaus lag, erinnerte sich an die anderen Patienten, die jede Hoffnung aufgegeben hatten, und sagte ernst:
„Fehler machen wir alle. Aber nur wer sich aufgibt, hat verloren!"

31

‚Siebenundfünfzig, achtundfünfzig, neunundfünfzig, sechzig!' Mike legte sich flach auf den Boden, entspannte sich in der wohligen Wärme, die seinen Körper umströmte. Nach ein paar Sekunden stand er auf und ging ins Badezimmer. Er war zufrieden: Sechzig Liegestütze zur Stärkung seiner Brust- und Armmuskulatur sowie fünfzig Klappscheren für Bauch und Oberschenkel bedeuteten keine Anstrengung mehr, sondern waren Routine seines täglichen Trainings geworden.
Unter der Dusche ließ er das Wasser über den Kopf rieseln, genoß die Nässe, die seinen Körper erfrischte. Mike atmete die feuchte Luft tief ein. ‚Mir geht es gut,' sagte er sich. ‚Trotz aller Handicaps, mir geht es wirklich gut!'
Zum Einseifen lehnte er sich mit dem Rücken an die Wand. Wenn er still stehen mußte, war er seinen gefühllosen Füßen ausgeliefert. Das Gleichgewichtsorgan meldete zwar die Bewegungen, doch konnte das Gehirn den Muskeln unterhalb der Knie nicht mitteilen, wie sie die Schwankungen auszugleichen hatten. Die entsprechenden Nerven waren zerstört.
In der gemütlichen Küche unter dem Schrägdach setzte er sich an den Tisch, aß sein Müsli mit den frischen Früchten, trank einen Liter Tee. Seine Nieren brauchten noch immer täglich mindestens drei Liter Flüssigkeit, um die Schadstoffe abführen zu können.
Mike schaute aus dem Fenster, blinzelte in den wolkenlosen Himmel. Er sah, wie sich der letzte Nebelfetzen

über der Zugspitze auflöste. Die Zugspitze, was für ein Berg! Mehrfach war er ein Meilenstein in seinem Leben gewesen. 1969 hatte er auf dem Plateau Ski laufen gelernt und dort mit dem Drachen auch die ersten Skistartversuche gemacht. Dann, am 11. April 1973, startete er zum historischen Zugspitzflug, vom Schneefernerkopf nach Ehrwald. 1978, ein Jahr nach seinem Unfall, stand er mit einem Paar Skiern erneut auf dem Gletscher und wagte zum erstenmal eine sportliche Betätigung. Ja, und letzte Woche war er wieder auf dem Gipfel gewesen: mit einem Mountain Bike!

Sein Freund Chester Fabricius hatte sechs Bergräder und einen Public-Relations-Auftrag für die holländische Fahrradfirma Koga organisiert. Mike telefonierte daraufhin mit der Sportredaktion des ZDF, man war an einer Reportage interessiert. Und dann waren sie losgeradelt, von der Partnachklamm, beim Skistadion. Mike fuhr jeweils voraus, suchte einen interessanten Kamerastandort. Wenn er aufnahmebereit war, funkte er den anderen fünf, daß sie kommen sollten. Gegen Abend erreichten sie die Knorr-Hütte, übernachteten und fuhren am nächsten Morgen die letzte Etappe bis zur kleinen Kapelle. Mike freute sich, die Aufnahmen im Kasten zu haben, war richtig stolz, daß er mit einem Zweirad den höchsten Berg Deutschlands bezwungen hatte.

Gestern war er nochmals oben, per Seilbahn. Die Kamera und das Stativ hatte er zu Hause gelassen, wollte ohne schweren Rucksack auch noch die Talfahrt erleben. Von einem Bekannten begleitet, fuhr er in viereinhalb Stunden den schmalen Wanderweg runter, spurtete begeistert den letzten Kilometer zur Partnachklamm: Wieder war er in seinem Leben ein Schrittchen weitergekommen.

Mike hatte das Frühstück beendet. Er zog seine Motorradjacke an und ging runter in den Fahrradraum. Dort schraubte er die zur Hälfte abgefahrenen Bremsklötze des Mountain Bikes ab, steckte sie in die Brusttasche. Dann entfernte er das Vorderrad. Der Reifen hatte auf der Seite einen gefährlichen Schnitt, mußte ersetzt werden. Er befestigte das Rad auf dem Gepäckträger seiner Yamaha und fuhr nach Partenkirchen.

Die Virago hatte einen guten Sound und brachte aus ihren zwei in V-Stellung angeordneten Zylindern stolze 68 PS auf das Fünfganggetriebe. Um schalten zu können, hatte Mike die Fußraste umgebaut. Anstatt sie mit den Zehen hochziehen zu müssen, drückte er sie mit der Ferse runter. Die Konstruktion sah ähnlich aus wie die Fußkupplung einer alten Indian.

Er fuhr in den großen Werkshof des Reifen- und Zweiradhändlers Fabricius, stellte sein Motorrad direkt vor der Werkstatt ab und brachte das Rad hinein. Mike erklärte Chester – sein Freund war der Enkel des Firmengründers –, was zu machen sei. Mit einem neuen Satz Bremsklötzen verließ er das Ladenlokal, ging zu seiner Virago und wollte gerade aufsitzen, als eine BMW-Geländemaschine in den Hof gefahren kam.

Hinter dem weiten Lenker saß eine atemberaubende Figur in einer hautengen, schwarzen Lederkombi. Die Fahrerin stellte ihre R 80 GS ab, legte den Helm auf den Sitz und wollte in die Werkstatt. Da sah sie Mike, wie er vor seinem Chopper stand und sie ungläubig anstarrte.

„Mike, du!" Mit ausgebreiteten Armen lief sie auf ihn zu, umarmte ihn.

„Mike, du kannst wieder gehen?!"

Morayma Schad konnte es kaum fassen. Mike, den sie zum letztenmal vor Jahren in Enzensberg im Rollstuhl gesehen hatte, stand aufrecht da, keine Krücken, keine Stöcke. Ein fröhliches Lachen stand auf seinem braungebrannten Gesicht. Rückwärts an den Motorradsitz

gelehnt, erklärte Mike, daß es ihm gut ginge. Dann fragte er, wo sie denn die ganze Zeit geblieben sei.
„Ich war ein paar Jahre in den USA. Nun arbeite ich wieder als Stewardeß bei der Lufthansa. Aber erzähl, wie geht es dir, was machst du? Wie geht es Babsi?" – Alle, die Mike kannten, hatten gehört, daß er mit der hübschen Hermanni-Tochter eng befreundet sei.
Ein Schatten huschte über sein Gesicht. Für einen kurzen Moment schwieg Mike. Schließlich sagte er:
„Wir waren vier Jahre zusammen. Es war eine sehr schöne Zeit. Babsi hat mir viel geholfen, Mut gemacht. Doch dann heiratete sie meinen Anwalt. Das hat weh getan. Heute aber denke ich, daß sie richtig gehandelt hat. Schon immer war Heiraten die einzige Möglichkeit, um die große Liebe zu besiegeln – die Heirat mit jemand anderem, versteht sich!"
„Mike! Du bist doch kein Zyniker! Aber was ist jetzt, wenn ich fragen darf?"
„Jetzt? Jetzt ist sie glücklich. Sie hat ein Kind, und ich bin glücklich, weil sie happy ist. Ich habe auch ein Baby!"
„Ein Baby?!"
„Ja!" Mike mußte herzlich lachen. „Es heißt HTV, Hi Tech Video, viele sagen Harker-Television. Meine Firma!"
Morayma setzte sich neben ihn auf einen Mauervorsprung. Sie war neugierig zu erfahren, wie es ihm seit Enzensberg ergangen war. Was sie zu hören bekam, erstaunte und erfreute sie zugleich. Trotz seiner Gehbehinderung – „amtlich bin ich zu achtzig Prozent schwerbeschädigt!" – hatte er einiges auf die Beine gestellt: Nach seinen Erfolgen als Fotograf wollte er etwas Neues machen, ein neues Medium kennenlernen. Daß er fähig war, einen Film zu produzieren, hatte er bereits 1975 mit seinem Erfolgsstreifen ‚Ikarus' bewiesen. Nun wollte er

auch die Kamera führen. Den Durchbruch als Kameramann und Regisseur schaffte Mike gleich mit seinem ersten Film. Auf der Sportartikelmesse ISPO in München hatte er mit dem Bademodenhersteller Arena Kontakt aufgenommen, wollte die Manager überreden, sein Filmprojekt zu unterstützen – „Bademode in Action! Mit vielen schönen Frauen, in vielen verschiedenen Sportarten!" – Obwohl niemand so recht an den Erfolg des Konzeptes glauben wollte, hatte man ihm die Sommerkollektion überlassen. Zusätzlich versprach man, den Film für eine anständige Summe zu kaufen, wenn er gut geworden sei.

Nun hatte Mike zwar seinen ersten Filmauftrag in der Tasche, aber keine eigene, geeignete 16-Millimeter-Filmkamera. Er kratzte alles Geld zusammen und kaufte eine Fotosonic, ein außergewöhnlich leichtes und sehr kleines Gerät für professionelle Ansprüche. Bei einem Bekannten in der Nähe von Cypress Gardens ließ er ein passendes Unterwassergehäuse aus Acrylglas herstellen. PanAm sponserte den Flug nach Hawaii, und Fuji schenkte ihm fünfzig Rollen 16-Millimeter-Film. Beides für die Zusage, im Film erwähnt zu werden. Mit einem Koffer voller Badekleider, einem Drehbuch und einer Kamera flog Mike nach Honolulu.

„Es war alles oder nichts! Aber die Arbeit hat nicht nur Spaß gemacht, sie hat sich auch gelohnt!"

Der Zwölf-Minuten-Film zeigte 22 Frauen aktiv in einem Dutzend verschiedener Sportarten. Mike zuliebe waren sie in die Arena-Bademode geschlüpft und hatten keinen Dollar Gage verlangt. Die extreme Kameraführung, das ungewöhnliche Licht, die exotische Kulisse und sicher auch die hübschen Sportlerinnen begeisterten die französischen Manager. Arena zahlte das vereinbarte Honorar und bestellte im Laufe eines Jahres über tausend Videokassetten für ihre Wiederverkäufer.

Wie der Zufall manchmal spielt, saß Mike auf dem Rückflug von Hawaii neben Mike Sauer. Der andere Mike war Chefredakteur des Ressorts Jugend und Sport im Zweiten Deutschen Fernsehen. Sie kannten sich von den Sendungen, in denen Mike Gast von Harry Valérien war. Auf die Frage, was er denn so mache, erzählte Mike von seinen Dreharbeiten. Sauer war begeistert und bat Mike, eine Kopie zu senden, sobald der Film geschnitten sei.

„Ja, Morayma. Das war der Anfang meiner Filmkarriere hinter der Kamera. Das ZDF spielte den Film dreimal, und zudem kamen Folgeaufträge. Irgendwann aber wurde mir das 16-Millimeter-Filmmaterial zu teuer, und ich investierte alles, was ich besaß, in eine professionelle Videoausrüstung. Ein Jahr später gründete ich die Firma HTV. Heute bin ich mit Aufträgen gut ausgelastet und besitze einen Übertragungswagen, den ich selber entwickelt habe. Etwas, was mich ganz besonders freut, ist die Tatsache, daß das ZDF mein rollendes Studio als konzeptionelle Vorlage für die neuen ZDF-Reportage-Wagen in vielen Teilen übernommen hat."
Sie sprachen über Raimund Harmstorf. Und Mike erzählte, wie er auf Raimunds Einladung eine Theatervorführung besuchte. Es sei faszinierend gewesen, seinen Freund auf der Bühne zu sehen; aber auch eine Qual, fast drei Stunden still sitzen zu müssen. Das sei schon sein größtes Problem während der Schulzeit gewesen.

„Stichwort Schule: Wie geht es deinen Drachenflugschulen und den beiden Allgäuern aus Seeg?"
„Ich habe mich vom Hanggliding Business zurückgezogen. Und Fritz und Ebi geht es ganz gut, glaub' ich. Wir haben wenig Kontakt. Seit ich wieder in Garmisch wohne, haben wir uns aus den Augen verloren. Sie

engagierten sich voll in ihrer Drachenbaufirma, und ich konzentriere mich auf meine Filmarbeiten.
Meine Entscheidung, mich vom Drachenfliegen zurückzuziehen, war nicht leicht gefallen. Manchmal zweifelte ich, ob ich richtig gehandelt hatte. Es gab niemanden, auf den ich mich, geschäftlich gesehen, stützen konnte. Wenn ich heute die Situation von damals betrachte, dann denke ich, war das ganz gut so. Sie zwang mich, das Unvermeidliche zu akzeptieren. Ich erkannte: Wenn es mit mir aufwärts gehen sollte, dann nur, wenn ich es allein schaffte."
Mike strich sich mit den Fingern über seinen Schnurrbart. Dann schaute er Morayma an und lachte schelmisch: „Ja, ja, Fritz und Ebi! Schade eigentlich, daß wir uns kaum noch sehen. Wir haben sehr viel Schönes miteinander erlebt."
„Apropos Schönes: Hat sich dein Talisman, dein goldener Ikarus, wiedergefunden?"
„Nein, der blieb verschwunden!"
„Und was beschützt dich jetzt?"
„Weißt du, Morayma, ein echter Talisman beschützt dich immer. Auch wenn du ihn nicht bei dir hast!"
Chester Fabricius hatte sich zu ihnen gesellt, fragte Morayma, was mit ihrem Motorrad los sei. Dann rief er nach einem Mechaniker und bat den Mann, die BMW reinzunehmen, die Bremsen und den Reifendruck zu kontrollieren.
„Und wie geht es dir gesundheitlich?" erkundigte Morayma sich.
Mike gab ihr zuerst nur seine übliche Antwort: ‚ganz gut', und ‚keine Probleme'. Doch er sah ihr an, daß sie ihm wohl nicht ganz glaubte. Sie schien ernsthaft wissen zu wollen, wie es um ihn stand. Da er weder vor Chester noch vor Morayma Geheimnisse zu haben brauchte, scheute er nicht, die Wahrheit zu sagen.

Er berichtete vom zweiten Aufenthalt in Enzensberg, einen ganzen Monat Intensivtherapie, von den Operationen und den unzähligen Aufenthalten in der Unfallklinik Murnau, wo er erst im vergangenen Herbst zum fünftenmal stationär behandelt worden war. Er sprach von Dr. Manfred Stöhrer, dem Chefarzt von Murnau, der sich wie ein Freund um ihn kümmerte, dem er sehr viel zu verdanken hatte. Und er schilderte eine Episode mit einem anderen Freund, der alles tun wollte, um ihm zu helfen: Hannes Marker, der Firmenchef der Marker-Bindungen. Hannes ließ auf eigene Kosten speziell für Mike einen Naturarzt aus Graz nach Garmisch kommen. „Das Erstaunliche war, daß ich nach der Behandlung dieses Mannes zum erstenmal seit dem Unfall innerlich völlig gelöst war. Ich spürte, wie sich alles entkrampfte. Drei Tage später operierte mich Manfred Stöhrer und entfernte allerlei Ablagerungen aus meinem Unterleib. Ja, auch heute noch, alles in allem nicht gerade rosig! Trotzdem habe ich nicht gelogen, als ich zuerst nur sagte, es geht mir gut. Wißt ihr: Ich war tot! Und ich lebe!"

Für einen Moment schwiegen sie. Dann wandte sich Chester an Morayma und fragte, ob sie schon gehört habe, daß Mike letzte Woche mit dem Mountain Bike auf die Zugspitze gefahren sei. Sie konnte es kaum glauben und fragte, was denn ihr Sergeant Harker sonst noch an sportlichen Erfolgen zu bieten habe.
„Eigentlich alles, was man machen kann, wenn man kräftige Oberschenkel hat. Ich fahre zum Beispiel sehr gerne Wildwasser-Kajak. Windsurfen geht auch prima. Ich habe einen Semi-Sinker und zwei Segel. So oft ich es beruflich einrichten kann, fahre ich mit meinem Westfalia-Nugget nach Porto Pollo auf Sardinien, kampiere am Strand. Dort gefällt es mir, da kann ich ‚vor meiner

Haustür' Wasser- und Beach-Starts machen. Inzwischen habe ich auch gelernt, zu halsen. Allerdings falle ich dabei fünf von zehn Mal ins Wasser. Das ist mir aber egal. Hauptsache, es zischt und flitzt, und der Wind bläst um die Ohren!"

Der Mann hatte Moraymas BMW aus der Werkstatt gerollt und hörte mit großen Augen zu, wie Mike mit Begeisterung vom Surfen, Skilaufen, Wasserskilaufen, seinen Drachenflügen in Florida und Kalifornien berichtete. Kein Wort von Behinderung, kein Wort von Problemen.

„Sag mal, warum tust du das alles? Ich meine, was ist der wirkliche Grund?" fragte Morayma.

Mike zögerte erst. Dann sagte er: „Für meine Eltern. Sie sollen sehen, daß ich okay bin. Und der zweite Grund ist: Es macht Spaß, richtig Spaß!"

Er lachte. Seine Augen waren zu kleinen Sehschlitzen geworden, als er ergänzte: „Wie auch das Fallschirmspringen!"

„Was? Du bist wieder Fallschirm gesprungen!" staunte Chester.

„Ja, das bin ich. Ich dachte allerdings auch, wenn ich das schaffe, dann habe ich mir bewiesen, daß ich einiges aushalten kann."

„Wo war das?" wollte der Mechaniker wissen.

„In Kalifornien, auf dem Flugplatz Perris. Dort ist eins der größten Fallschirmzentren der USA. Babsi und zwei Mädel, die sie aus Garmisch kannte, waren mit dabei. Für vierzig Dollar, samt Ausrüstung und Schulung, konnte man dort einen Erstabsprung machen. Jeder weitere Sprung kostete zehn Dollar. Wir hatten Glück und konnten uns der australischen Nationalmannschaft anschließen. So flogen wir in einer der vier DC 3 von Perris und sprangen beim erstenmal gleich aus tausend Metern. Mein Ziel war es, bei der Landung möglichst

schnell auf die Schulter zu rollen. Das ging so gut, daß ich mich zu einem zweiten Sprung anmeldete. Babsi, die ohne mich nicht springen wollte, kam mit. Wir machten noch zwei weitere Absprünge bis zum Abend. Den letzten durfte ich manuell auslösen, konnte so wieder einmal etwas Freifall erleben. Da bläst einem der Wind vier- bis fünfmal so schnell um die Ohren wie beim Windsurfen!"
„Mike, ist dir noch zu helfen?" scherzte Morayma. „Was du nicht alles gemacht und schließlich auch gewonnen hast. Sag, du mußt doch Dutzende Pokale haben. Hast du die alle aufgestellt?"
„Oh, nein! Eine einzige Trophäe steht bei mir zu Hause. Ein fürchterlich kitschiges Ding, mit Gold, Silber und Schnörkeln auf Marmorsockel. Aber ich bin sehr stolz darauf. Es ist der höchste Preis, der Grand Prix des französischen Sportfilm-Festivals von Saint Hilaire-du-Touvet. Ich habe den Pokal 1984 mit einem 16-Millimeter-Film über das Drachenfliegen gewonnen. Das war einer meiner schönsten Siege!"
Mike strahlte und grinste von Ohr zu Ohr. Dann wandte er sich an Morayma, fragte, was sie noch vor habe. Sie antwortete:
„Ich dachte, das Wetter ist schön, und nahm mir vor, mit der BMW meine Lieblingsstrecke über den Kesselberg, rund um den Walchensee, abzufahren. Ohne Hetze, einfach so, ganz gemütlich!"
Mike schaute sie fragend an: „Hättest du etwas dagegen, wenn ich mitfahren würde?"
„Oh nein, ganz im Gegenteil!"
Als ob sie befürchtete, Mike könnte seine Meinung wieder ändern, bedankte sie sich schnell bei Chester und dem Mechaniker, nahm ihren Helm, setzte sich auf ihre BMW und ließ den Motor an. Mike knöpfte seine Lederjacke zu, setzte Helm und Brille auf und schwang

sein Bein über den Sitz. Dann kickte er mit der Ferse den Seitenständer hoch und startete die Maschine. In aller Ruhe rastete er den ersten Gang ein, gab Gas, folgte Morayma und fuhr neben ihr zum Hof hinaus. Beim Tor drehte er sich um und winkte den beiden Männern zu.

„Herr Fabricius?"
„Bitte, Herr Obermeier?"
„War das nicht der berühmte Drachenflieger?"
„Ja, ganz richtig. Das war Mike Harker!"
„Komisch! Und ich dachte immer, der hätte einen so schweren Unfall gehabt!"

Medizinische Fakten

Von Chefarzt Dr. Manfred Stöhrer
BG-Unfallklinik, D-8110 Murnau

Zusammengefaßte Krankengeschichte Mike Harker, geb. 29. 11. 47. Am 09. 04. 77 Absturz als Drachenflieger aus 200 Metern Höhe ins Meer.

Unfallfolgen:

Schwerer Schock mit innerer Blutung, Bruch des 3. Lendenwirbelkörpers mit Querschnittlähmung. Einriß der Blase. Abriß beider Harnleiter, Beckenbruch, Harnröhrenabriß, Schädel-Hirntrauma mit Bewußtlosigkeit über mehrere Wochen.

Herr Harker kam wegen der eingeschränkten Transportmöglichkeit zunächst nach Fort Lauderdale in Florida, wo die Blase repariert wurde, beide Harnleiter neu in die Blase eingepflanzt wurden und der Harnröhrenabriß korrigiert wurde. An diese Operationen hat Herr Harker keinerlei Erinnerung mehr. Er war aufgrund der Schwere der Unfallfolgen zwischenzeitig klinisch tot und mußte reanimiert werden.

Herr Harker hat mit eiserner Energie an seinem damals hoffnungslosen Zustand gearbeitet, wobei er in den ersten Tagen nach Wiedererlangung des Bewußtseins versuchte, trotz seiner Querschnittlähmung aus dem Bett zu kriechen. Die weiteren Stationen der Rehabilitation waren Kalifornien, Enzensberg im Allgäu, wo vor allem die funktionelle Rehabilitation der Gliedmaßen durchgeführt wurde.

Ab November 1977 war Herr Harker bis zum Jahre '88 insgesamt 9mal in stationärer urologischer Behandlung in der BG-Unfallklinik Murnau, einem Zentrum, an dem u. a. die integrierte Behandlung Querschnittgelähmter vor allem auch in Hinblick auf deren schweren Folgen auf urologischem Fachgebiet betrieben wird.

Insgesamt mußten auf urologischem Fachgebiet im Verlauf der letzten 10 Jahre mehrere, drei davon teilweise größere Eingriffe durchgeführt werden.

Herr Harker geht ohne Gehstützen trotz noch bestehender Restlähmungen im Bereich der Waden. Aufgrund der Empfindungsstörungen in diesem Bereich hat er gelegentlich Verletzungen aufgrund seiner grundsätzlichen Einstellung, die darauf hinausläuft, möglichst die Verletzungsfolgen zu ignorieren und die Dinge so zu betreiben, wie er sie sich in den Kopf gesetzt hat.

Gelegentliche kleinere Probleme aus dieser Haltung werden von den betreuenden Ärzten so gut wie möglich repariert.

Zusammenfassend muß aus medizinischer Sicht gesagt werden, daß Herr Harker mehrmals die Möglichkeit gehabt hätte, mit dem Leben abzuschließen. Daß dies nicht geschah, ist zum einen seiner sportlichen Konstitution, zum anderen seiner enormen Energie und seinem Glauben an seine Wiedergenesung zu verdanken.

gez. M. Stöhrer

Dr. med. Manfred Stöhrer
Urologe
Chefarzt der Urolog. Abt.
der BG-Unfallklinik
D-8110 Murnau

sein Lebenswille *Die Summe von ein paar kleinen Fehlern hat Mike fast zerstört, Ärzte hatten ihn bereits aufgegeben, doch*
bleibt erhalten

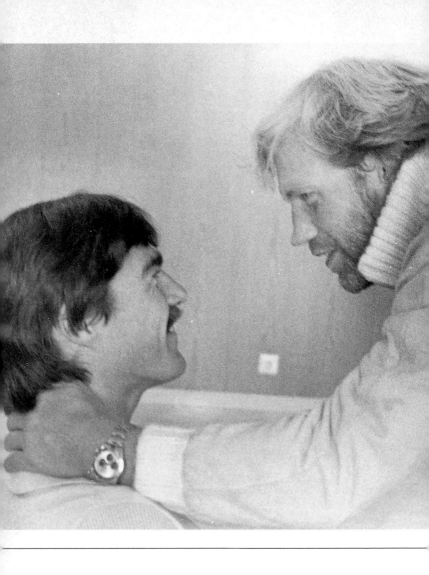

Mike Harker wurde durch Raimund Harmstorf gerettet. Sechs Monate nach dem Unfall sehen sie sich zum ersten Mal wieder

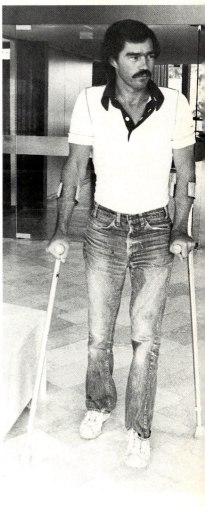

Querschnittslähmung lautet die Diagnose. Doch Mike gibt nicht auf und trainiert mit seinen lebenslosen Beinen genauso hart und schonungslos, wie er es als Sportler für seine Siege getan hat

Von den Ärzten als Unmöglichkeit abgetan, erreicht Mike sein Ziel und fährt – teilweise gelähmt – wieder Wasserski

Zugspitzplateau, November 1978: das erste Mal nach dem Unfall auf Ski

Sommer 1981: Freundin Babsi begleitet Mike in die USA, wo er wieder Drachen fliegt und einen Fallschirm-Absprung wagt

Trotz körperlichem Handicap geht es beruflich aufwärts: erst als Spitzenfotograf, dann als TV-Filmproduzent und Radio-Macher mit Partner Graf von Soden. Mit Raimund Harmstorf plant Mike neue Projekte

„Es ist hoffnungslos!" Mike hat das Urteil nie akzeptiert. Ein neues Sportgerät – das Mountain-Bike – wird populär und wieder ist Mike in den Bergen von Garmisch einer der ersten Aktiven

Lebenslauf

Mike Harker

29. 11. 1947	Michael John Harker, an einem Samstag in Torrance, Kalifornien, geboren; Sternzeichen: Schütze; Mutter Patti (1925) Vater Curly (1921)
1949	Geburt Bruder Kelly
1952	Geburt Schwester Casey
1955	Wasserskilaufen: gewinnt seinen ersten Pokal
1956	US-Champion (Klasse der Neun- bis Zwölfjährigen)
1957	Bau von Miniatur-Rennautos (H0-Klasse)
1958	„Mein größter Pokal" (Kalifornischer Meister H0-Klasse)
1959	US-Champion Wasserski (Zwölf- bis Fünfzehnjährige)
1959	Erste Teilnahme am Grand National (härtestes Wasserskirennen der Welt, 110 km Off-shore)
1961	High School Torrance, CA
1963	High School, Westminster, CA
1964	US-Champion Wasserski (Eliteklasse)
1965	Orange Coast College Rudern: diverse Siege im Achter

1965	Zum zweitenmal US-Champion Wasserski (Elite)
1966	Gewinnt als Siebzehnjähriger den Grand National in neuer Rekordzeit
1966	Sommerjob als Wasserski-Clown, Weltausstellung in San Antonio, Texas
1967	Universität UCLA, Westwood, CA
1967	Sommerjob als Wasserski-Star in Cypress Gardens, Florida
1968	Erster Flug mit einem Freiflug-Drachen
1968	Militärdienst: Motorbootfahrer in Brückenbau-Kompanie
1969	95 Prozent seiner Kameraden müssen nach Vietnam, Harker kommt nach Darmstadt in Deutschland. Gewinnt 1. Preis eines Militär-Wettbewerbs: eine Woche Garmisch. Wird Ausbilder im Eibsee-Recreation-Center. Nach neun Monaten Militärzeit Sergeant. Job: Ski- und Wasserskilehrer
1969	Erster Skistart mit Drachen auf dem Zugspitzplateau
1970	Nach Militär: Entwickelt mit Bill Bennett den ersten Drachen für Skistart
1971	Europatrip mit altem VW-Bus und neuem Drachen. Von Stockholm bis Türkei. Wasserskilehrer in Griechenland und auf Korfu. Im Winter Skilehrer in Sankt Moritz (Club Med)
1972	Sommersaison in Jugoslawien. Winter: Axamer Lizum, Österreich
1. 1. 1973	Neujahrsspringen in Garmisch: Harker fliegt mit Drachen ins Stadion: Zum erstenmal ein Drachen im europäischen Fernsehen

11. 4. 1973	Flug von der Zugspitze. Harker wird mit seinem Zwölf-Minuten-Flug weltberühmt
1973	Scuol, Engadin: Eröffnung der ersten alpinen Drachenflugschule der Welt. Bis Jahresende 300 Piloten ausgebildet
1973	FFA, Altenrhein, CH, baut Harker-Lizenzdrachen
1974	Melizia, Bozen, I, baut Harker-Lizenzdrachen
28. 7. 1974	Flug vom Fudschijama, Japan
1974	Japanische Skilehrer zu Drachenfluglehrern ausgebildet
1975	Strbske-Pleso, ČSSR, Interski-Kongreß: Harker führt Flugdemonstrationen vor, zum erstenmal ein Drachen im Ostblock
1975	„Ikarus"-Film, von und mit Mike Harker. Moderation: Manfred Vorderwühlbecke. Der Sechzig-Minuten-Film gewinnt dreimal Gold bei internationalen Festspielen
1976	Kössen: 1. offizielle Weltmeisterschaft, Harker ist CIVL-Delegierter für Deutschland
9. 4. 1977	Ostersamstag, Saint George's, Grenada: bei einem Schleppflug abgestürzt, Harker wird von Schauspieler Raimund Harmstorf gerettet
14. 4. 1977	Mangelnde klinische Versorgung im Grenada Hospital von Saint George's machte eine Überführung nach Barbados ins Queen Elizabeth Hospital erforderlich. Harker liegt im Sterben.

22. 4. 1977	Mit Ambulanzjet nach Florida geflogen: fünf Wochen Intensivstation im Broward General Medical Center, Fort Lauderdale
27. 5. 1977	Verlegung nach Kalifornien ins Saint Jude Hospital in Fullerton, erst in die Krankenstation, später ins Rehabilitations-Center. Dort erfährt Harker: Er ist gelähmt, ein pflegebedürftiger Liegefall für den Rest des Lebens. Doch aus dem Liegefall wird ein Rollstuhlpatient. Mike lernt schwimmen. Erste Versuche an Krücken. Verläßt Saint Jude am 23. 9. 77. Fliegt zwei Tage später nach Deutschland
26. 9. 1977	Aufnahme in der Klinik Enzensberg im Allgäu: sechsmal täglich Rehabilitations-Therapie (Reizstrombehandlung, isometrische Übungen, Unterwasser-Bewegungstherapie)
26. 11. 1977	Entlassung: 3 Tage vor seinem 30. Geburtstag. Harker hat gelernt, an Krücken zu gehen. Beine unterhalb der Knie für immer gelähmt
26. 2. 1978	Einlieferung in die BG-Unfallklinik von Murnau, mehrere Operationen. Wird unter Vorbehalt am 30. 3. 78 entlassen
Frühjahr 78	Harker geht fortan nur mit einem Spazierstock
Frühjahr 78	Erste Fotoarbeit: Titel für „Off Duty"-Magazin
Sommer 78	Beginn der Arbeit als freier Fotograf. Mit Einbeinstativ als Krückenersatz unterwegs

November 78	Zugspitz-Plateau: fährt zum erstenmal Ski
15. 1. 1979	Zweiter Aufenthalt in Enzensberg. Bis zum 15. 2. 79 Intensiv-Therapie
2. 7. 1979	Rückschlag: Mike muß für fünf Wochen ins Krankenhaus nach Murnau. Unterleibsoperation
Februar 80	Erster großer Fotoauftrag: für „Bunte" zur Winterolympiade nach Lake Placid, USA
Pfingsten 81	Starnberg: erfolgreicher Wasserski-Versuch
Sommer 81	Durchbruch als Spitzenfotograf mit Fotoserie: Winter-Skidreß in Sommersport-Action, Arbeiten für Bogner, Adidas, Head. Fotografiert in USA und Europa für „Stern", „Bunte", „Lui" „Quick"
August 1981	Florida: Schleppflug mit Drachen
September 81	Kalifornien: Drachenflug an der Küste
Herbst 1982	Kauf einer 16-Millimeter-Profikamera Dreharbeiten für Arena-Film auf Hawaii
1. 8. 1983	Dritter stationärer Aufenthalt in der Unfallklinik von Murnau. Wird am 19. 8. entlassen
1984	Kauf der ersten Profi-Videokamera
September 84	Gewinnt Grand Prix des französischen Sportfilmfestivals in Saint-Hilaire
1985	Harker gründet Firma HTV in Garmisch: TV Promotion, Werbe- und Sportfilme
13. 8. 1985	Vierter Aufenthalt in Murnau (10 Tage)
1986	Regionalbeiträge fürs Fernsehen
10. 8. 1986	Fünfter Krankenhausaufenthalt in Murnau (4 Tage)

1987	Erster ZDF-Auftrag für Live-Übertragung (Bundesliga-Eishockey)
Dezember 87	Gründung Lokal-Radio GAP. In einer einzigen Woche: Erstellen eines Sendeprogramms, Erledigen der baulichen Arbeiten im neuen Studio, Installieren der technischen Einrichtungen, Anheuern der 20 Mitarbeiter
21. 12. 87	Sendebeginn auf 89,8 MHz
15. 1. 88	Konzession für Probebetrieb läuft aus. Entgegen vielen Prophezeiungen war der Sender „Unser Radio GAP" ein beachtlicher Erfolg, 92 Prozent der Zuhörer waren zufrieden, wollten eine sofortige Wiederaufnahme des Sendebetriebs (Umfrage im Landkreis Garmisch-Partenkirchen, Werdenfelser Land)
Juni 1988	HTV produziert zum erstenmal eine Live-Übertragung für eine Unterhaltungssendung (ZDF-Hitparade)
1. 9. 1989	Beginn regulärer Sendebetrieb Radio GAP. Harker, Programmdirektor und Betriebsleiter, ist mit 50 Prozent an Radio GAP GmbH beteiligt

Geschäftsanschrift:
Mike Harker
Postfach 14 17
D-8100 Garmisch
Telefon D-0 88 21 / 5 11 90 (HTV)
Telefon D-0 88 21 / 0 65 (Radio GAP)

Dieses Buch entstand in Zusammenarbeit mit:

Mike Harker (Garmisch), Patti Hulse-Harker (Lake Elsinor), Casey Steward-Harker (Westminster) und, in alphabetischer Reihenfolge: Elisabeth Besold (München), Rudi Gaugg (Starnberg), Ulrike Geiger (Klinik Enzensberg), Joyce Goss-Cichosky (St. Jude Hospital, Fullerton), Raimund Harmstorf (München), Captain Harvey Hop (Ft. Lauderdale), Dr. Francis G. Mackey (St. Jude Hospital, Fullerton), Jörg Magener (Zürich), Stefany McKneely (National Jets, Ft. Lauderdale), Yoshiki Oka (Tokio), Rainer Ortlepp (Condor, Frankfurt), Beat Pfändler-Hamatsu (Zürich), Viola M. Regan, Shana Safer (Broward General Medical Center, Ft. Lauderdale), Morayma Schad (München), Erika Seifert (St. George's), Dr. Gerhard Steinberg (Garmisch), Dr. Manfred Stöhrer (Unfallklinik, Murnau), Heiko Zimmer (München), The National Transport Safety Board (Washington). *–wp–*

Drachenfliegen

Die große Sehnsucht

Sie haben Felle getragen, mit Steinen Feuer geschlagen. Sie haben Leinen gewoben und auf Papyrus geschrieben. Das Eisen geschmiedet und Burgen gebaut. Bücher gedruckt. Den Dampf gefesselt, sind mobil geworden. Schließlich haben sie den Atomkern gespalten und den Mond erobert. Aber einen ihrer größten Träume haben die Menschen erst im letzten Drittel des zwanzigsten Jahrhunderts verwirklicht: das freie Fliegen – die Flügel ausbreiten, loslaufen, gleiten, schweben, fliegen. Im Aufwind kreisen. Lautlos, fast kraftlos: Es ist die Erfüllung einer unendlichen Sehnsucht.

Und dabei begann alles mit einem Seilriß. Francis Melvin Rogallo, ein NASA-Ingenieur, entwickelte 1948 einen flexiblen Flügel als faltbaren Fallschirmersatz für Weltraumraketen. Die Konstruktion glich einem Delta und war denkbar einfach: zwei Flügelrohre, ein Kiel und eine Querstange sowie eine Tragfläche aus Segeltuch. Ihre zwei aufgeklappten Kegelhälften versprachen ein hohes Maß an Autostabilität: Die Flugeigenschaften entsprachen den Erwartungen, der Flügel aber hielt nicht den geforderten Belastungen stand. Die NASA verwarf das Projekt, Rogallo durfte damit an die Öffent-

lichkeit. Er besaß ein Patent für seine geniale Konstruktion, doch niemand interessierte sich dafür.
Der Rogallo-Flügel wäre beinahe verstaubt, wenn nicht 1963 ein australischer Ingenieur zufälligerweise die Patentschrift in die Finger bekommen hätte. John Dikkenson war daraufhin nicht mehr zu halten. Auf so etwas hatte er gewartet. Der Wasserskifan baute sich einen Delta aus Holzstangen und Plastikfolie. Sein Ziel: hinter dem Boot geschleppt zu fliegen. Im September gelang ihm ein erster, bescheidener Hüpfer am Schleppseil, einige Meter über dem Wasser.
Der eigentliche Durchbruch kam jedoch erst drei Jahre später, am 20. Dezember 1966. Bill Moyes, ein Freund von Dickenson, hatte dessen neuesten Schleppdrachen probegeflogen. Moyes war begeistert, veränderte noch etwas an der Trimmung und startete wieder: Es war phantastisch! In rund fünfzig Metern Höhe schwebte er mit vierzig Stundenkilometern hinter dem Motorboot her, dem Ufer entlang. Nach einer halben Stunde Flugzeit schlug das Schicksal zu: Die Leine riß. Der Drachen schaukelte gefährlich, doch Moyes behielt die Nerven und sein Fluggerät unter Kontrolle. Sanft glitten Pilot und Delta zurück zur Wasseroberfläche. Das freie Fliegen war geboren.
Die Drachen, mit denen man Ende der sechziger Jahre in Kalifornien die ersten Fußstarts von Dünen versuchte, sahen nicht viel anders aus als Dickensons Rogallo: ein zwanzig Quadratmeter großer Dreieckflügel mit zwei halbrunden Tragflächenhälften. In der Mitte war ein Steuerbügel angebracht, mit Stahlseilen zur Flügelnase, den Seitenröhren und dem Kielende verspannt. Der Pilot saß auf einer Art Schaukelsitz, dessen Aufhängeleinen über den Kopf hinweg zur Drachenmitte führten und dort mit einem Karabiner befestigt waren. Damit man nicht hinten runterkippte, hielt

ein zusätzlicher Brustgurt den Piloten in seinem Sitz.
Die Flugzeiten wurden damals in Sekunden gemessen.
Wer länger als eine Minute flog, zählte zur Meisterklasse. Doch die Klassen waren klein, die Meister rar.
Drachenfliegen beschäftigte weder die Medien, geschweige denn die Massen.
Das änderte sich schlagartig, als einer dieser Meister, ein gewisser Mike Harker aus Torrance bei Los Angeles, am 11. April 1973 mit einem Drachen vom höchsten Berg Deutschlands startete. Sein Flug von der Zugspitze dauerte elf Minuten und 51 Sekunden, lange genug, um für ein nachhaltiges Echo in der Presse zu sorgen. Drachenfliegen war plötzlich „in", Mike ein Star und seine erste alpine Drachenflugschule der Welt ein riesiger Erfolg. Er hatte sie mit Hilfe des örtlichen Verkehrsvereins von Scuol auf die Flügel gestellt. Viele kamen als Schüler zu Mike ins Engadin und verließen als Fluglehrer die Schweiz. Zu Hause eröffneten sie eine eigene Schule: Europa erlebte sein erstes Drachenfieber. Der Boom war nicht mehr zu bremsen.
Leider waren auch die Drachen nicht mehr zu bremsen. Ein unbekanntes Phänomen tauchte auf: der Flattersturz. Wenn das geblähte Segel durch Böeneinwirkung plötzlich von oben angeströmt zusammenfiel, war die Tragfläche innerhalb von Sekundenbruchteilen nur noch ein flatterndes Tuch, der Absturz unvermeidlich. Das erste Opfer war Roger Staub. Der prominente Schweizer und Ski-Olympiasieger von Squaw Valley fand 1974 in Verbier den Tod, vor der Kamera eines Schülers. Das Bild ging um die Welt, machte Drachenfliegen zum Heldensport. Es löste aber auch die Suche nach der Ursache des Flattersturzes aus und, viel mehr noch, nach wirksamer Abhilfe. Die Drachenflieger schlossen sich zu Verbänden zusammen, gründeten Sicherheitskommissionen. Doch erst Ende der siebziger Jahre

hatte man das Problem im Griff, begann Drachen zu bauen, die sicher waren. Hauptsächliche Änderung im Vergleich zu Rogallos erstem Delta: Die neuen Drachen hatten ein „positives Pitch-up-Moment", das den Drachen bei Anströmung von oben automatisch aufrichtete. Dies wurde in erster Linie erreicht durch einen neuen Segelschnitt. Zwei Röhrchen an den Flügelenden und zwei Seile, von der Turmspitze zur Segelhinterkante geführt, bewirkten bei erhöhten Geschwindigkeiten einen automatischen Höhenrudereffekt. Ein Gütesiegel, eine Art TÜV-Plakette, ist heute sichtbares Zeichen dafür, daß der Drachen nach neuesten Sicherheitserkenntnissen gebaut und geprüft worden ist.

Mit den sicheren Drachen allein war es aber nicht getan: Zusammen mit den staatlichen Luftfahrtbehörden entwickelten die Verbände einen geordneten, standardisierten Flugunterricht, organisierten Theorie- und Praxisprüfungen, kümmerten sich um die Weiterbildung der Fluglehrer.

Drachenfliegen wurde plötzlich ernstgenommen und im Dezember 1985 als olympische Sportart anerkannt. Der Boom verlagerte sich – wie die Klientel der Drachenflugschulen. Der Sport wurde intellektuell, sein ungeahntes Leistungspotential verblüffte: Während man in den siebziger Jahren noch mit ein paar Flugminuten und einer gestandenen Landung im Zielkreis Weltmeister werden konnte, mußte man schon während der WM '85 täglich sechs bis sieben Stunden fliegen. Wer vorne mit dabeisein wollte, hatte Strecken von hundert bis hundertfünfzig Kilometern zu schaffen. Der Weltrekord liegt bei 391 km, 1988 geflogen im Owens Valley in Kalifornien. Erstaunlich für ein Fluggerät, das man geschultert auf einen Hügel trägt, dort in einer Viertelstunde aufbaut und mit dem man dann vom Wind getragen losfliegt.

Weltweit gibt es inzwischen über 100 000 Drachenflieger. Die Produktion von Geräten beläuft sich nach einer Untersuchung des „drachenfliegermagazin" auf 14 000 pro Jahr (1987).

Eine stolze Bilanz als Folge der Pioniertaten von Francis Rogallo, John Dickenson, Bill Moyes und ganz wesentlich von Mike Harker.

Ausbildung

In den meisten Ländern Europas dauert eine umfassende Ausbildung zum Drachenflieger rund zwanzig Flugtage und kostet 1000 bis 2000 Mark. Der Flugschein, ein sogenannter Befähigungsnachweis, wird im Auftrag des Bundesministers für Verkehr durch die verantwortlichen Verbände (DHV und DAeC) nach bestandener Theorie und Praxisprüfung ausgehändigt.

Ausrüstung

Drachen, Gurtzeug, der vorgeschriebene Notfallschirm und Helm, Handschuhe, Räder sowie minimale Instrumentierung kosten in einfachster Ausführung rund 4000 bis 4500 Mark. Für einen Drachen der Spitzenklasse muß man bis 6500 Mark bezahlen. Integralgurtzeug mit Spezialrettungsschirm steht mit 2000 Mark zu Buch. Für Kevlarhelm, Vollinstrumentierung und stromlinienförmige Handschuhe wechseln noch einmal 2000 Mark den Besitzer.

Drachenfliegen ist teuer geworden – doch gleichermaßen auch sicherer. Trotz steigender Zahl von Piloten und Flugstunden ist die Anzahl der Unfälle stark rückläufig.

Informationen

Deutscher Aero Club (DAeC)
Postfach 71 02 43
D-6000 Frankfurt 71
Telefon D-0 69 / 6 63 00 90

Deutscher Hängegleiter Verband (DHV)
Schaftlacher Straße 23
D-8184 Gmund
Telefon D-0 80 21 / 81 81

Österreichischer Aero Club (ÖAeC)
Sektion Hängegleiten
Postfach 31
A-6345 Kössen
Telefon A-0 53 75 / 21 60

Schweizerischer Hängegleiter Verband (SHV)
Postfach 13 01
CH-8620 Wetzikon
Telefon CH-01 / 9 32 43 53

EPILOG

Flugunfälle passieren nicht. Sie werden verursacht

Reno, Nevada, Cannon International Airport, 21. Januar 1985, kurz nach Mitternacht: Captain Allen D. Heasley ist etwas ungehalten. Seit zehn Tagen steht er in seinem fünfzigsten Lebensjahr, und noch immer muß er sich mit Unzulänglichkeiten abgeben, mit Fußvolk und Grünschnäbeln herumschlagen, die vom großen Leben träumen, aber nicht bereit sind, aufzuwachen und etwas für die Realität zu tun.
Oh ja, man kann ihm vieles nachsagen: Er hätte in seinem Leben zu gerne gelebt, das weibliche Geschlecht zu sehr vergöttert, seinen Beruf zu stark geliebt und dabei für seine Frau und seine beiden Töchter vielleicht etwas zuwenig Zeit gehabt. Aber – verdammt noch mal – eines kann ihm niemand vorwerfen: Während all der fünfzehntausend Flugstunden haben bei ihm nur zwei Dinge gezählt: Professionalität und noch einmal Professionalität. Sein hervorragendes Können war sprichwörtlich, seine Zuverlässigkeit und Pünktlichkeit unbestrittene Tatsache. „Ein vorbildlicher Flugkapitän, immer in command", heißt das einstimmige Urteil all jener Piloten, die das Vergnügen hatten, mit Allen D. Heasley das Cockpit zu teilen.
Daher auch verständlich, daß dieser Mann im Moment keine Augen hat für den sternenklaren Himmel, der einen herrlichen Nachtflug von Reno nach Minneapolis verspricht – ein Erlebnis, das ihn nach all den Jahren

engagierter Berufsfliegerei immer wieder begeistern kann.

Nein, Captain Heasley ist nicht erfreut: Galaxy Airlines Flight 203 is late. Und zu all dem schaffte Reno Flying Service noch das Unmögliche: Man karrte die neuen Passagiere zum Flugzeug, bevor die in Reno von Bord gehenden Fluggäste ausgestiegen und zur Ankunftshalle gebracht worden waren. Also mußten die zwei Busse wieder umkehren, die Zusteiger zur Abflughalle bringen, leer zum Flugzeug zurück, the deboarding passengers abholen, zum Arrival fahren, ausladen, die Neuen abholen und zum drittenmal zum Flugzeug.

Glücklicherweise ist die viermotorige Turboprop – eine ehrwürdige 25jährige Lockheed Electra mit 34000 Flugstunden auf den Spanten – das einzige Flugzeug, das im Flutlicht auf dem Vorfeld steht. „Die hätten es womöglich noch geschafft, zum falschen Liner zu fahren!" Heasley versucht zu lächeln. Wenigstens hat es mit dem Kerosin geklappt. Sein 24jähriger Flight Engineer Mark Freels meldet volle Tanks, 2357 Gallonen Jet Al sind nachgetankt. Wenn auch nicht volles Haus: Man hatte mit 96 Passagieren gerechnet, gekommen sind 65. Mit Heather, Donna und Sheila, den Stewardessen, also total 68 Personen plus drei Mann Cockpit-Crew an Bord.

Kevin Fieldsa macht die entsprechende Eintragung ins Bordbuch. Der 28jährige Copilot ist seit siebeneinhalb Monaten bei Galaxy Airlines im Dienst. Ein Sunnyboy, von allen Mädchen verehrt, besonders von seiner Barbara. „Ich werde sie morgen früh gleich anrufen und wecken. Sie liebt diese Aufmerksamkeiten!" Er schaut von seiner Liste auf. Seine Augen treffen sich mit denen Heasleys. Fieldsa versteht: Er sollte seine Aufmerksamkeit eher dem Cockpit schenken. Der Check-Report über seine fliegerische Qualifikation, vom Galaxy-Chef-

piloten im vergangenen September persönlich verfaßt, war nicht gerade schmeichelhaft: "Performance on all maneuvers was marginal, however, within prescribed limits. Basic instrument scan weak."
Die letzte Bemerkung traf den früheren Instrumenten-Fluglehrer Fieldsa besonders hart. Er wußte ganz genau, was „instrument scan" bedeutete. Hatte er doch auch seinen Schülern immer wieder eingeschärft, daß die Überwachung und die Interpretation der Instrumente A und O der Sicherheit im Blindflug, ja der Fliegerei schlechthin, seien. Leider aber war die Kritik berechtigt: Trotz seiner 5000 Flugstunden, davon die letzten 172 auf der Electra, war Kevins Instrument Scan immer noch mangelhaft. Wenn ihm diese Konzentrationsschwäche nur nie zum Verhängnis würde.
„Before start checklist!" Heasleys klare Stimme bringt Fieldsas Gedanken schlagartig in die Electra zurück. Freels liest die Checkliste, Captain und First Officer führen aus und bestätigen.
„Vibratoren von den Höhenmessern auf die Fahrtmesser" –
„Erledigt!" –
„Sicherungen und Schalter" –
„Kontrolliert und ein!" –
„Sauerstoff-System" –
„Kontrolliert!" –
„Statik-Schalter" –
„Ein!" –
„Avionics off" –
„Erledigt!"
„Hauptschalter ein" –
„Erledigt!" –
„Treibstoff" –
„Kontrolliert!" –
„Ölstand" –

„Kontrolliert!" –
„Hydraulik" –
Im Cockpit herrscht für einen Moment wieder die professionelle Atmosphäre, die manchen Fußgänger glauben läßt, Piloten hätten überirdische Fähigkeiten. Verständliche Ansicht, wie könnten sie es sonst schaffen, mit all den Schaltern, Hebeln, Rädchen, Instrumenten und Lämpchen klarzukommen und gleichzeitig noch zu fliegen! Selber ist man doch kaum fähig, ein Auto sicher durch den Stadtverkehr zu lenken und rechtzeitig zu erkennen, daß das Benzin zur Neige geht.
Die Cockpittür geht auf. Sheila Morales wendet sich an den Copiloten.
„Kevin, wegen des Gepäcks. Ich sollte wissen ..." – Doch nicht der Sunnyboy im vorderen Sitz antwortet, sondern Mark, der Flight Engineer:
„Ja, meine Stewardess? 65? Nein, 68 Gepäckstücke! Sind sie schon verladen?"
Mark Freels steht auf, zieht sich seine Uniformjacke an und verläßt das Cockpit zusammen mit der Stewardess. Ein paar Minuten später ist er zurück:
„Mann! Die haben versucht, auch unser Gepäck auszuladen! Wir kamen raus, da standen drei oder vier von unseren Taschen vor der Frachtluke am Boden. Ich warf sie zurück in den Crew Bag Container."
„Ich hoffe, die haben meine nicht mitgenommen!" meldet sich Fieldsa.
„Wir werden volle Klappen setzen für das Rausrollen!" Captain Heasley macht der Diskussion um das Crew-Gepäck ein Ende und wendet sich an seinen Copiloten: „Sind die Hubschrauber dort gesichert?"
„Ja, die Rotoren sind festgebunden."
„Ich hab mal einen beim Rollen umgeblasen ..."
„He?! meldet sich Freels erstaunt. Er kennt den Captain nun schon seit acht Jahren. Heasley war damals Free-

lance-Pilot gewesen bei National Jets in Fort Lauderdale. Als Jugendlicher strich Freels damals nach der Schule um die vielen Flugplätze in Südflorida und verdiente sich mit kleinen Gelegenheitsarbeiten seine ersten Flugstunden. Dabei lernte er Heasley kennen, der als Freelance-Pilot bei National Jets in Lauderdale ganz Gesunde und ganz Kranke mit dem Learjet durch die Welt kutschierte. Heasley mochte den aufgeweckten jungen Freels auf Anhieb gut leiden und half ihm bei seiner Karriere als Berufspilot. Es war eine Bekanntschaft, die sich im Laufe der Jahre zu einer echten Freundschaft entwickelte.
„Ich dachte nicht", sagte Freels, „daß du dich so um Hubschrauber kümmern würdest! – Ich liebe ja diese Dinger. Das einzige, das ich heute besser fliegen kann."
„Ist der Kompressorwagen schon da?" unterbrach der Captain.
„Ja!"
Zum Schonen von Anlasser und Batterien können die Turboprop-Triebwerke (vier Allison 501 D 13-Turbinen) auch per Luftdruck auf Touren gebracht werden, bevor bei rund fünfzehn Prozent Turbinendrehzahl Kerosin eingespritzt und gezündet wird. Dazu wird am rechten Flügel der Lockheed Electra, zwischen Rumpf und Turbine Nummer drei, ein etwa 25 × 30 Zentimeter großer Deckel, das sogenannte Air Start Access Door, geöffnet und der Druckluftschlauch vom Kompressorwagen über einen innen liegenden Schnellverschluß angekoppelt. So werden in der Regel Turbine eins (links außen) und Turbine vier (rechts außen) angelassen. Sobald mindestens eins der beiden Triebwerke läuft, ist das Ship – wie das Flugzeug von seiner Cockpit-Crew genannt wird – durch die angetriebenen Generatoren vom Außenstrom unabhängig, und der Captain befiehlt:
‚Ship's power – Umschalten auf Bordstrom.'

Das Rollen vom Vorfeld zur Startposition geschieht nur durch den Antrieb der beiden Außentriebwerke eins und vier. Damit wird Treibstoff gespart, zusätzlich vermeidet man unnötigen Lärm. Kurz vor dem Start werden schließlich Turbine zwei und drei angelassen. Ein problemloses Unterfangen, denn das Flugzeug verfügt durch die beiden aktiven Triebwerke über genügend interne Power, um diese Turbinen auf Touren zu bringen, bis sie mit 42 000 Umdrehungen pro Minute ihre volle Leistung abgeben. Soweit alles klar, es sei denn, man vergißt etwas.

Inzwischen ist es fünf vor eins geworden. Ein eisiger Wind bläst über den Flugplatz. Besonders Lisa Whitaker bekommt die Kälte zu spüren. Trotz ihrer Handschuhe hat sie klamme Finger und kann den Luftdruckschlauch nur mit Mühe anschließen. Schließlich hat sie es geschafft und gibt ihrem Chef ein Zeichen. Ground Handling Supervisor John Easter setzt sich seine Kopfhörer-Mikrofon-Garnitur auf und schließt sie am vorgesehenen Stecker in der Nähe des Bugrads an. Er will dem Cockpit melden, daß Reno Flight Service für den Anlaßvorgang bereit ist. Doch nichts geschieht. Die Leitung bleibt stumm. Unangenehm, denn so muß er auf das alte, umständliche Kommunikationsverfahren mit Handzeichen zurückgreifen: Kein Problem, solange alles gut geht. Die Besatzung quittiert die Zeichen jeweils mit kurzem Aufleuchten der Rollscheinwerfer.
In der Kabine leuchten die roten Transparentschilder „Fasten Seatbelts" auf, und die Stewardessen zählen, ob alle 65 Passagiere an Bord sind. Sheila kommt nach vorne und meldet, daß die Treppe eingezogen werden kann.
„Boy, hast du das gesehen?" Erstaunt deutet Kevin Fieldsa zum nächtlichen Himmel.

„Was ist?" Freels schaut von seinem Flightlog auf.
„A falling star – eine Sternschnuppe!"
„Mann, ich hätte meine Kamera dabeihaben sollen!"
Heasley unterbricht: „Wie lautet die Clearance?"
„We are cleared the Reno seven departure as filed", antwortet Fieldsa. Er hatte die Freigabe über Funk erhalten. „Reno seven is tracking outbound on the one six localizer, three fourty-three outbound ..."
„Wir starten auf der Drei-Vier?"
„No Sir, auf der One-Six."
„One-Six."
Die entsprechenden Daten werden in die Navigations-Instrumente eingegeben, die Startvorbereitungen abgeschlossen.
„Ready to go up on four – ist Nummer vier startbereit?"
„Ja, go ahead", beantwortet der Flight Engineer des Captains Frage.
Die Turbine fängt an zu drehen, ein Pfeifton wird hörbar. Die Frequenz steigt und steigt. Bei etwa 5000 Hertz ertönt plötzlich ein lautes Fauchen, ein Feuerstrahl wird sichtbar: Das Kerosin ist eingespritzt und gezündet worden. Während die Turbine mit zunehmendem Getöse ihre Drehzahl erhöht, fängt auch der Propeller langsam zu drehen an.
„A good start – fast rotation!" meldet Freels.
Der Lärm überträgt sich ins Cockpit. Heasley muß etwas lauter sprechen: „Ships power! ... Der einzige Vorteil, wenn man mit Luft anläßt, ist der, daß man auf Bordstrom umschalten kann, bevor man Nummer eins startet. ... Volle Klappen setzen!"
„Full flaps", bestätigt Fieldsa.
„Up on one?" fragt Freels.
„Up on one! – Turbine eins aufdrehen", bestätigt Heasley, „und Rollfreigabe verlangen!"
Copilot Fieldsa drückt auf die Mikrofontaste: „Reno

Ground, Galaxy 203 at Reno Flying Service, for taxi – bitte um Rollfreigabe!"
„Galaxy 203, from Ground, taxi runway one six right – rollen Sie zur Piste16 rechts!"
„Halt, stop!"
Das Notstoppsignal! Supervisor John Easter winkt aufgeregt. Lisa Whitaker scheint Probleme zu haben. Easter verläßt seine Position links vor dem Cockpit der Electra und eilt unter dem Rumpf durch. Im infernalischen Lärm der beiden Turbinen ist keine verbale Verständigung möglich. Doch Easter erkennt, was passiert ist: Der Druckluftschlauch ist zwischen Kupplung und Kompressorwagen straff gespannt – vielleicht rollte der Wagen durch den Propellerwind etwas zurück. Auf jeden Fall hat Lisa die Kraft nicht gehabt, die Verbindung zu trennen. Easter löst den Schlauch und winkt Lisa, sich mit dem Kompressorwagen zu entfernen. Darauf kehrt er an seine alte Position zurück und signalisiert der Crew, alles okay!
Aber, wie später die Flugunfall-Untersuchungsbehörde herausfinden sollte: Es ist nicht alles okay! Weder Easter noch Lisa Whitaker haben das Air Start Access Door an der Unterseite des Flügels geschlossen. Ein kleines Ding, welches in der Startphase fähig ist, das ganze Flugzeug in Vibrationen zu versetzen. Vibrationen, die laut Aussagen von anderen Piloten so intensiv sind, daß sie selbst Menschen vom Schlag eines Allen D. Heasley in Schrecken versetzen können. Doch Captain Heasley weiß nichts vom offenen Deckel, ahnt nicht, daß er nur noch fünf Minuten zu leben hat.
Es ist 00.59 Uhr, die Galaxy 203 rollt in westliche Richtung von der Parkposition weg, dreht nach Süden, folgt dem Rollweg zum Rollhaltepunkt der Piste 16 R. Sheila, Donna und Heather kontrollieren, ob alle Passagiere die Sicherheitsgurte angelegt haben.

01 Uhr 00 und 34 Sekunden, der Captain befiehlt: „Okay, start'em up – startet Nummer zwei und drei!"
01 Uhr 01 und 27 Sekunden: „Wechsle auf die Tower-Frequenz und Takeoff-Checkliste!"
„Reno Tower von Galaxy 203, startbereit Piste 16 R".
„Galaxy 203 von Reno Tower, windstill, frei zum Start!"
„Galaxy 203, Start frei – cleared for takeoff."
01 Uhr 02 und 36 Sekunden, Freels informiert: „Takeoff check completed!"
01 Uhr 02 und 44 Sekunden. Allen D. Heasley schiebt alle vier Gashebel sanft nach vorne. Die vier mächtigen Vierblatt-Propeller drehen mit 1020 Umdrehungen, die Lockheed Electra N 5532 erzittert und beginnt zu beschleunigen – langsam erst, dann immer schneller.
01 Uhr 03 und 19 Sekunden, Copilot Kevin Fieldsa meldet: „V one", Geschwindigkeit Vau eins, 104 Knoten. Vier Sekunden später: „V two", Geschwindigkeit Vau zwei, 120 Knoten. Captain Heasley zieht noch einmal fünf Zentimeter am Steuerhorn. Ein Moment später löst sich das Hauptfahrwerk von der Piste: Galaxy Flight 203 is airborne.
„Gear up!" Doch kaum hat Heasley die Order zum Einfahren des Fahrwerks gegeben, beginnen unheimliche Vibrationen das Cockpit zu erschüttern. In seinen 32 Pilotenjahren hat er so etwas noch nie erlebt. Er versucht seine Gedanken zu ordnen, eine logische Erklärung zu finden. Die Vibrationen werden stärker. Er muß sich Klarheit über die Situation verschaffen.
01 Uhr 03 und 29 Sekunden. Er muß Klarheit haben: „Was ist los, Mark?"
Freels antwortet fassungslos: „Ich weiß es nicht! – Ich weiß es nicht, Al!"
Dann, fast automatisch, von der Routine eingeholt, meldet er: „Wir haben METO" (maximum, except takeoff, engine power; maximale Triebwerk-Dauerleistung,

von der kurzfristig zulässigen Start-Höchstleistung deutlich reduzierte Gasstellung. Eine fein eingestellte Turbinenleistung, die der Flight Engineer über ein separates Set von Leistungshebeln exakt mit den Instrumenten abstimmt), und Heasley entscheidet:
„Okay, pull'em back, zieh die Gase zurück!"
Ein gewagter Entschluß: Kurz nach dem Abheben die Leistung aller vier Triebwerke noch einmal zu reduzieren, ist sehr riskant. Denn jedes Flugzeug ist in dieser Situation auf die volle Schubkraft angewiesen, um sicher Höhe zu gewinnen. Doch Heasley glaubt keine andere Wahl zu haben. Diese Vibrationen können doch nur von einem Triebwerk oder einem Propeller stammen!
Drei Sekunden später ordert Heasley seinem Copiloten, vom Tower eine Freigabe für eine sofortige Landung zu verlangen. Kurz danach ergänzt er: Er solle auch melden, daß sie schwere Vibrationen haben.
Kenneth G.Moen, Air Traffic Controller im Tower, glaubt, sich verhört zu haben, und läßt sich bestätigen, daß das einstmals schnellste Verkehrsflugzeug der Welt wieder landen will.
Um Gottes Willen, ein Notfall?! Kein ‚Mayday' zwar, aber die junge Stimme am Funk klang anders, bedroht. Sofort erteilt Moen die Landefreigabe und fragt: „Galaxy 203, do you need the equipment?" Brauchen Sie Hilfe, Rettungswagen, Arzt?
Zwei Sekunden später, nachdem Heasley seinem Copiloten ein ‚Ja' zugenickt hatte, funkt Fieldsa: „That's affirmative." Der Air Traffic Controller zögert einen kleinen Moment, dann drückt er auf den roten Knopf: Alarm! Die Cannon-Airport-Rettungsmannschaft eilt zu ihren Wagen. Über Funk werden sie von Moen aufgefordert, zur Piste16 zu fahren. Eine Katastrophe droht: Galaxy 203 hat 71 Personen an Bord, und die Tanks sind randvoll!

Die Electra mit ihren 30,2 Metern Spannweite hat inzwischen eine Rechtskurve eingeleitet, obwohl sie noch nicht höher als 60 bis 80 Meter über Grund gestiegen ist.
01 Uhr 04 und 14 Sekunden: Im Cockpit schrillt eine Glocke. Es ist die Boden-Annäherungs-Warnglocke. Vier Sekunden später ruft Fieldsa erschrocken:
„A hundred knots!"
Das sind rund fünf Kilometer pro Stunde weniger als die 103 Knoten, die theoretische Mindestgeschwindigkeit, mit der die Electra kontrollierbar in der Luft gehalten werden kann.
Hat Fieldsa geschlafen? Wo blieb sein Instrument Scanning? Drei Sekunden später ruft er ein zweites Mal, mit Horror in der Stimme, laut, als ob er das Unheil abwenden könnte:
„A hundred knots!!"
01 Uhr 04 und 24 Sekunden: Heasley befiehlt mit klarer, emotionsloser Stimme
„Maximum power!" – Volle Kraft!
Doch es ist zu spät. Galaxy Flight 203 verliert schnell die letzten Meter Höhe.
01 Uhr 04 und 30 Sekunden: Das Cockpit-Stimmen-Aufzeichnungsgerät registriert Aufprallgeräusche und verstummt.

Ground Handling Supervisor John Easter hat Lisa Whitaker zu ihrem Wagen begleitet und ist nun auf dem Heimweg. Was für ein langer Tag das wieder war. Ein harter Job – wenn er nur Pilot sein könnte. Schon in der Zeit, als er noch beim US-Marinekorps Helicopter Crew Chief war, träumte er davon, einmal ein Linienflugzeug zu steuern. Als er von der Airport Avenue in Richtung City abbiegt, kommt ihm die Feuerwehr entgegen. Er wundert sich, macht sich aber keine weiteren Gedanken.

Er ist müde und hat den Schlaf verdient.

Am nächsten Morgen hört er im Radio, was geschehen ist: Galaxy 203 ist kurz nach dem Start auf einen Parkplatz am Stadtrand von Reno abgestürzt. Eine einzige Person hatte überlebt: ein 17jähriger Schüler. Er wurde rund fünfzehn Meter vom Flugzeug weggeschleudert und konnte sich in Sicherheit bringen, bevor das auslaufende Kerosin alles um ihn herum in ein Flammenmeer verwandelte. Das letzte, was er gehört habe, sei eine Stimme aus der Lautsprecheranlage gewesen:

„We are going down!" – Wir stürzen ab.

Captain Allen D. Heasley ist tot. Er hatte mit seinem bestimmten Auftreten und eiskaltem Handeln auf Barbados dazu beigetragen, daß Mike Harker seinen Absturz überleben konnte.

Flugunfälle, ob mit einem Drachen oder Airliner, sind das Resultat mehrerer gleichzeitig auftretender Zwischenfälle. Meist sind es nebensächliche, unbedeutende Fehler, die erst in ihrer Kumulation zum destruktiven Moment werden.

Mike und Allen waren beide hervorragende Piloten. Beide verfügten über ein außergewöhnliches Maß an beruflicher Erfahrung. Beide wurden von ihren Kollegen als echte Profis eingeschätzt, die jede Situation im Griff haben. Beide räumten der Sicherheit absolute Priorität ein. Und beide waren – trotz allem – für ein schweres Unglück verantwortlich.
Hatten auch beide eine Chance zu überleben?
Was Mike Harker betrifft, er hat nicht aufgegeben: Trotz einer aussichtslosen Situation rollte er sich in letzter Sekunde zusammen, spannte jede Faser seiner stahlharten Muskeln und überlebte den tödlichen Aufprall.
Was Allen D. Heasley angeht, seine Rettung lag in Reichweite: Vier Hebel, die genügend Schub und damit – trotz all der Fehler, die andere rund um ihn herum verursacht hatten – eine sichere Landung ermöglicht hätten.
Was sagt der offizielle Bericht der Unfall-Untersuchung, die in den USA durch das National Transport Safety Board ausgeführt wird? Er führte in seinem Fazit auf, daß das offene Air Start Access Door einer Lockheed Electra im Steigflug wie eine Bremsklappe aufgesogen wird und große Luftturbulenzen an der Flügelwurzel auslöst. Diese Wirbel können das ganze Flugzeug erschüttern: Vibrationen, die so stark sind, daß sie auch einen erfahrenen Cockpit-Profi glaubhaft machen können, durch Propellerunwucht im nächsten Augenblick ein Triebwerk zu verlieren.
Es geht aber schließlich nicht darum, ob Galaxy Flight 203 am 21. Januar 1985 durch schwere Vibrationen erschüttert wurde oder nicht, sondern darum, weshalb ein erfahrener Pilot von der Qualifikation eines Heasley die Turbinenleistung aller vier Triebwerke gleichzeitig reduzierte.
Warum ist er dieses unbegreifliche Risiko eingegangen? Warum hat er die Leistungshebel nicht einzeln zurückge-

*zogen? Was ist im Cockpit tatsächlich vorgefallen? Es sind Fragen, die wohl nie beantwortet werden können.
Genausowenig werden wir eine Antwort auf diese Fragen erhalten: Was ist es, das in letzter Sekunde über Leben oder Tod entscheidet? Woher stammt die Kraft, nicht aufzugeben? Was steckt in Mike Harker, das ihm nach einem hoffnungslos erscheinenden Tiefschlag den Mut, die Ausdauer und den unendlichen Willen verleiht, Schrittchen für Schrittchen weiterzumachen?
Schicksal? Oder die Kraft, deren Name so vielfältig ist wie das Gesicht der Menschheit?*

Werner Pfändler

Weitere Titel in der Reihe

Ernst Jakob Hansen

Der leitende Weggestellte

Herabgesetzt – herausgefordert

Tausende Arbeitnehmer werden jährlich „im besten Einvernehmen" weggestellt. Dabei hat keiner der Betroffenen „silberne Löffel geklaut" oder sich schwerwiegende Unkorrektheiten zu Schulden kommen lassen. Am eigenen Beispiel beschreibt der Autor, wie schnell jeder „Weggestellter" sein kann, was er dabei empfindet und wie er versuchen sollte über das Ereignis hinwegzukommen, um zu neuem Selbstwertgefühl zu finden.

G + G Urban-Verlag
ISBN 3-925334-31-9

220 Seiten, broschiert

Alexander Borell antwortet

Seit über 25 Jahren ist Alexander Borell in verschiedenen Medien Anlaufstation für ratsuchende Menschen aus allen Bevölkerungsschichten.

Aus seinem Archiv von mehr als 300 000 Briefen kristallisierten sich im Laufe der Zeit 18 Problemkreise heraus, auf die Nöte und Sorgen von uns allen reduzierbar sind.

In den verschiedenen Altersstufen wiederholen sich die menschlichen Probleme unter anderen Vorzeichen. Von den ersten – angeblich kleinen Problemen eines Kindes bis zu Zweifeln und Verständnislosigkeit im hohen Alter werden in diesem Buch 311 Antworten auf typische Fragen des menschlichen Lebens und Zusammenlebens gegeben.

Schüchternheit, Eifersucht, Sex, Zukunftsangst, Einsamkeit, all dies gilt es in einem Leben zu bewältigen.

„Zwar unterscheiden sich die Lebenssituationen in Nuancen, im Grundsatz allerdings wiederholen sich die Probleme und es sind immer Einzelschicksale, die dem Menschen Vorbild zur Bewältigung seiner eigenen Lebenssituation sein können!"

Diese Erkenntnis kann Alexander Borell aus seiner reichen Erfahrung ziehen und führte zu dem vorliegenden Buch, das damit zu einem Nachschlagewerk für jeden wird, der irgendwann einmal in einer bestimmten Situation Rat sucht.

ISBN 3-925334-29-7

320 Seiten, broschiert

DRUG DETECTOR

CRITICAL ODYSSEY OF
METH, HOPE, & LOVE

Darling Nova and Little Raven
11 June

xoxoxoxoxo SHEZ A.D xxxxxxx xo
joxoxoxo SHEZ - OVER DOSING
xindexxloverxx.xi